あきらめない「強い心」をもつために

池江美由紀

アスコム

はじめに

トンビでもタカの子育てを真似ればタカに育つ

「将来、自分のなりたいものをイメージして、見えたものを絵に描いてみよう」

私は、経営する幼児教室の小学生のクラスで、こういう課題を出します。

自分の未来の姿を具体的に想像し、表現する。子どもの能力を引き出すために、とても大切な取り組みです。

私は結婚して3人の子を授かりました。上から長女、長男、そして3番目の次女が璃花子です。璃花子が小学校に上がるころに離婚してひとり親になったので、3人の子を1人で育ててきました。幼児教室を経営していたため、子どもたちは学校が終わると私の教室に寄って、ほかの生徒さんたちと一緒にレッスンを受けたり、遊んだりしていました。

そのとき、この「将来、自分のなりたいものをイメージして、見えたものを絵に描いてみよう」という課題にわが子も取り組むと、次女の璃花子は、色鉛筆でいつもこんな絵を描きました。これは小学3年生のころの絵です。

表彰台があって、3人の女の子がのっています。真ん中の「1」と描いてある表彰台にいる女の子の首には金メダルがかかっていて、横に「りかこ」とあります。2番と3番の表彰台にいるのは、ペルー人とインド人。水泳のコーチが遠くから見守っています。

絵の横には「おリンピックでゆうしょうした!」という文字。「オリンピック」という言葉を、「お母さん」や「お蕎麦」のように、「リンピック」にていねいな「お」をつけた「おリンピック」だと思っていたようで、おもしろい。

子どもが一心に、そのとき自分がイメージして見えたことを一気に描きあげたものだということがわかります。この課題を与えると、娘はいつも表彰台の真ん中で、金メダルをかけている自分を描きました。

「将来、自分のなりたいものをイメージして、見えたものを絵に描いてみよう」という課題に、次女の璃花子が描いた絵。首に金メダルをかけて表彰台の真ん中に立っている娘がいます。
（東京ドルフィンクラブの清水桂コーチ提供）

私自身、決して恵まれた環境で育ったわけではありません。子どものころの私は、将来の夢もなく、打ち込めるものもなく、学校を卒業して公務員になりました。周囲は、安定したいい職につけたね、と言ってくれましたが、私は自分のやっていることにやりがいを見つけられず、自分にはいったい何ができるのだろう、といつも思っていました。

そうした日々のなか結婚し、仕事を辞めました。

子どもをほしいと思ってからは、さまざまな本を読み、これはと思う人に会いに行き、出産や育児の勉強をしました。その熱は、長女を妊娠するとますます強くなり、長女を出産した翌年に幼児教室を開きました。それから約30年にわたって、講師兼経営者として働いています。

冒頭の**「トンビでもタカの子育てを真似ればタカに育つ」**とは、このとき学んだことです。子どもにどんどん知識を詰め込み、早くから周りと差をつけるような教育ママ的な考えではなく、**どんな親から生まれた子でも、適切な刺激や環境を与えれば、優秀に育つことができる**という事実に感銘を受けました。

子育てのなかで、縁あって長女、長男がスイミングクラブに通いはじめ、楽しそうに泳ぐ姿を見て、璃花子も水泳をやりたい、とスイミングクラブに通うことになりました。私から、「水泳をしなさい」とか「速いタイムで泳ぎなさい」などと一度も言ったことはありません。

私が大切にしたかったのは、「どんなことでも、そのなかで一生懸命努力すること」「強い心をもつこと」「最後まで投げださずにやり遂げること」「仲間を大切にしながら切磋琢磨《せっさたくま》すること」などです。「人間力」を身につけられればよい、と思っていました。

そのために、私が実践してきたことは本書で詳しく述べていきます。当たり前のことですが、親や大人は、いつまでも子どもの面倒を見ることはできません。子どもはいずれ大人になり、自分で考えて自分の道を選び、歩んでいかなければなりません。

自分で思い描いた人生を、幸せに生き抜いてほしい。あるいはもしかしたら、自分が選んだ道で転ぶこともあるかもしれない。けれど、転んだことで学ぶこともあるかもしれない。大切なのは、自分の力で立ち上がり、再び歩みだす。そんな人になるための力をつける、ということだと思います。
おかげさまで、長女と長男は大学を卒業し、自分のやりたい道で社会人になりました。大学を卒業する22歳までが子育て、と決めていた私が、末っ子の璃花子の子育てもあと少しで終わる、と思っていたとき、その日は突然やってきました。

２０１９年２月、璃花子は「白血病」と診断されました。そして、病と闘い抜き、再びプールで泳ぐことができるようになりました。練習に励み、努力を重ねた娘は、２０２１年４月４日、コロナ禍で１年延期になった東京２０２０オリンピックの選考会で代表権を勝ち取りました。選手として２０２１年の東京オリンピックに出場することが決まり、リレーの代表として泳ぎました。

４月のレース直後のインタビューで璃花子が言った言葉、
「何番でも、ここにいることに幸せを感じようと思った。仲間たちが全力で送り出してくれて、とても幸せ。本当にうれしかった。言葉にはできない」。

娘が元気でいてくれること、そして、大好きな水泳を再びすることができること、私も本当に幸せです。

小学3年生で璃花子が描いた「おリンピックでゆうしょうした!」。その絵のようになるかどうかは、これから先もわかりません。でも、私は、娘が描いたその夢を叶えられるように応援していきたいと思います。そして、何より、娘が大好きな水泳をずっとつづけていられますようにと願うばかりです。

3人の子どもたちと教室の子どもたちに私なりに伝えてきた、「どんなことがあっても、最後まであきらめないで努力する人になる」。娘はそんな人に育ってくれたようです。

本書では、私自身が学んできたこと、大切にしてきたこと、3人の子育てや幼児教室で実践してきたことなどを1冊に書かせていただきました。子育て真っただなかの方、これから子育てを始められる方、そして、子育てを終えられた方、学生さんやビジネスマン、若い部下をもつマネジメントの皆さんなど、社会で働く大人の方々にも、何か1つでも生きるヒントになることがありましたら幸いです。

ただ、私は何がなんでもあきらめずにがんばろう、と言っているのではありません。もし、いじめを受けていたり、そこでがんばっても自分自身がすり減って傷ついてしまうような状況なら、思い切って環境を変えたり、勇気をもって逃げたりすることも大切だと、たくさんの子どもたちを見てきて思います。

あきらめずにやることで、将来、幸せになったり、自分が成長できたりする場所なら、思いっきりあきらめないで「強い心」をもってがんばってほしいと思います。

それぞれの方が、それぞれの立場で、役に立つと思うところを見つけていただけましたら、これ以上うれしいことはありません。

何歳になっても、人は変われます。強い心をもって、あきらめずに努力する人になる道はきっと開けていると、信じています。そのことを、私はわが子やたくさんの生徒さんから教えられました。

池江美由紀

2018年、子どもたちに誕生日を祝ってもらいました。わが子には、夢を叶えられるように努力してほしい、強い心をもってほしい、人に愛される人に育ってほしい、と願い、子育てをしてきました。

第1章

「自分を信じる力」が自分を支える力になる

第2章 「あなたには無限の力がある」

第3章 「人に愛される」人になる

第4章
「あきらめずに努力しつづける」人になる

第5章

人は何歳からでも学べる　変わることができる

第1章

「自分を信じる力」が自分を支える力になる

自分を信じる力が本番力を高める

２０２１年４月、東京２０２０オリンピックの代表選考会となった競泳の「日本選手権」が開かれました。璃花子は、女子バタフライ１００ｍ、女子自由形１００ｍ、女子自由形50ｍ、女子バタフライ50ｍの４種目に出場し、いずれも優勝することができました。

出場する前には「１つでも優勝できればいい」と言っていたのが、娘本人もまさかの４冠で、リレーの選手として東京オリンピックの出場が内定しました。

私もここまでの結果は予想していませんでしたので、心から驚きました。璃花子は小さいころから、練習より予選、予選より決勝、と大きな場面になればなるほど、よい成績を残してきました。「本番に強い」とよく言われるのも、**小さいころから「本番力をつける」トレーニングを、教室の子どもたちとしてきたからだと思います。**

しかし、今回は、もちろん本人の大会に向けての地道な努力あってのこととは思いますが、それにしても予想を大きく上回るものでした。

璃花子の強さはどこにあるのか。このとき、私は璃花子の**「自分を信じる力」**だと思い至りました。いつも応援してくださる親しい人たちに、私はこのようなメールを送りました。

「応援ありがとうございました。さまざまな方が活躍の分析をしてくださいますが、大会が始まってからの大躍進は、娘の心の強さだと思っています。心と体はつながっています。自分を信じる力が強いとは、こんなにも体に作用するのかと驚きました。オリンピック代表とか大会での優勝よりも、泳ぐことが楽しいから、勝つことがうれしいから、乗り切れた8日間だったと思います。

どうかこのまま元気で、長く長く泳ぐことができますように、応援よろしくお願いいたします」

娘は、私が思っている以上に、何があってもあきらめない、強い心をもった人に育ってくれていました。

最後まであきらめない人になるための「3つのポイント」

「強い心をもつ」「どんなことがあっても、最後まであきらめないで努力する」人になるために、私が、わが子に、そして、幼児教室の子どもたちに伝えてきた、3つの大切なことがあります。

1つめは、「自分を信じること」。子どもの可能性は無限大です。子どもには、「引き出されることを待っている能力」がたくさん眠っています。才能のない子なんて、1人もいません。みんな素晴らしい才能をもって生まれてきているのです。

親が子どもの可能性を信じて、子どものいちばんの味方になれば、子どもの「自信」につながります。将来、大人になって独り立ちしても、自分のいちばんの味方である「自分」を信じることができるようになります。

自信過剰はいけませんが、自分を信じることができない人は、人を大切にすることもできないのではないでしょうか。

親が子どもの「可能性を信じること」。それが長じて、自分を信じ、それはやがて人を信じ、みんなに愛される人になれると思うのです。

２つめは、「人間力を育てること」。人間力といってもたいそれたことではありません。私の考える「人間力」は、やさしい心をもち、人から愛され、自分で考えて行動し、自分の言葉で発することができ、そして、努力しつづける力だと思います。

人間力というのは総合的な力です。なかでもとくに、これからの厳しい時代、困難に直面したり、挫折《ざせつ》や失敗を味わったりしたとき、くじけず乗り越えていける「強さ」や「たくましさ」が大切になります。

私は、心が強い人、たくましい人を育てたいと思い、日々指導しています。

３つめは、「本番力をつけること」。これは、本番で、いつもどおりに、あるいはいつも以上に力を発揮できることです。せっかく能力があり、たくさんの練習をしても、いざというときにその力を発揮できないのは、とても悔しく、残念です。

この３つのことが土台となり、子どもたちを大きく成長させることにつながっていくと思っています。

では、子どもたちが3つの大切なことを自分のものにするためには、具体的にどのようにすればよいのでしょうか。それは、親御さんの存在抜きには語れません。

育てたように子は育つ

皆さん誰しも、「親」になるための教育を受けてきたわけではありませんから、子育ては、わからないことだらけです。もちろん、私もそうでした。子どもが生まれたその日にいきなり親になるわけですから、子どもが1歳ということは、親だって1歳ということです。

私は幼児教室を経営し、多くの親御さんと接するうちに、わからないことや不安を抱えた**親御さんの力になりたい**、と思うようになりました。そして、この教室を、**「子どもの才能を引き出す教室」**にするのと同時に、**「親が親になるための教室」**にしたい、と思うようになり、それを長年、実践しつづけてきました。

私やほかのスタッフが子どもたちと向き合える時間は、週1回50分間のレッスンの間だけです。そのほかの時間は、子どもたちの先生は親御さんともいえます。

ですから、その間、子どもと「どう接し」、子どもに「どう話しかけ」「どういう環境を与えるか」、がとても大切になります。その過程が子どもに影響し、子どもが育っていくのです。言い換えれば、**「育てたように子は育つ」**ということだと思います。親御さんの存在が、お子さんにとって、何よりも重要なのです。

私の教室は幼児教室ではありますが、親御さん（たいていはお母さん）への子育てや、ご家庭でのさまざまな取り組みのご指導に重きをおいています。

なぜなら、**お子さんがどのような人間に育つかは、親次第**だからです。お子さんは、良きにつけ悪しきにつけ、最も近くにいる母親が、自分にどんな態度で接し、どんな言葉をかけ、どんなことをしているか、に大きな影響を受けます。生きる姿勢まで子どもには伝わります。

よく「自分が育ったようにしか子どもを育てられない」といわれますが、そんなことはありません。自分が体験していなくても、聞いたこと、学んだことで子どもを育てることができるのです。

私自身、恵まれた環境で育ったわけではありませんが、とにかくそれまで学んできたことや考えたことを注ぎ込んで、子育てで実践してきました。おかげさまで、3人のわが子はみな素直な子どもに育ち、自分の夢を叶え、自分で決めた道をしっかり歩んでくれています。これが、「トンビでもタカの子育てを真似ればタカに育つ」という私の持論です。

私自身が学び、実践をしてきた具体的な内容は、第2章以降で詳しくお伝えいたします。内容によっては、「私にはむずかしいな」「できないかも」と思うようなことがあるかもしれません。でも、**「完璧な親」になる必要はありません。**こう書いている**私自身も**ひとり親で働きながら3人の子育てをしてきたので、**手を抜くところはしっかり手を抜いたズボラ母**なのです。

何よりも大切なのは、子どもたちに「あなたのことを応援しているよ」「お母さんは、あなたのいちばんの味方だよ」「大好きだよ」という言葉をいっぱいかけてあげることなのです。

親の愛情は、子どもたちにちゃんと伝わります。子どもが、「親から愛されている」という気持ちをもてることが大切です。そういった信頼関係があれば、大丈夫。安心してください。ときには、手を抜き適当なお母さんになってもよいのです。最初は大変かもしれませんが、徐々に身についていきます。まずは、実践できるところから、始めていただければと思います。

この章では、私が繰り返し子どもたちに教えてきた「自分を信じる」「人間力を育てる」「本番力をつける」ということが、わが子にどうつながっているのかをお伝えします。

突然、白血病と診断されて

２０１９年２月、璃花子は白血病を宣告されました。それまで健康だと思っていたのに、知らない間に免疫が低下し、がん細胞が体の中を走りまわっている。それが白血病だということでした。しかも、さまざまなタイプがあります。治療をすれば順調に治る人もいれば、治療中にほかの感染症になってしまう人もいるし、亡くなってしまう人もいる。

先生から説明を受けた当初の治療方針は、璃花子の場合は、2年間の治療が必要だということでした。私たちが思っていた想像以上の治療が待ち受けていました。これは、璃花子が夢見ていた東京2020オリンピックへの出場は完全に無理だということでもありました。

病気になるだけでもつらいのに、それまで目指してきた母国開催のオリンピックという最高の舞台もあきらめなくてはならない。

親である私以上に、本人がそれをどれだけ悔しがっているか。

ただ、璃花子はそういったことは一切、口にしませんでした。もしかすると、私と同じ気持ちだったのかもしれません。そのときは、つらいとか悔しいとか、考える余裕すらなかったのです。

抗がん剤による治療は、体に大変な負担を強います。がん細胞だけでなく、健康な細胞をも破壊してしまうからです。璃花子が泣くほど嫌がっていたように髪も抜け、体は痛み、20歳前後という女の子であればファッションやおしゃれも楽しみたい時期を、病気の治療に専念することになります。

また、璃花子の場合はアスリートとして多くの方にその存在を知っていただいていることもあり、私たち家族は、そうした一切合切から、娘を守る必要がありました。

その間、できるだけ、つらい闘病をひとりきりにしないように、私たちはかわるがわる璃花子の病室に通いました。長女も長男も仕事や大学の時間をやりくりしてくれました。長女、長男は、私の心の支えにもなってくれ、とても心強かったのを覚えています。私自身もそれまで長くつづけてきた仕事を調整して、できるだけ一緒にいるようにしました。

それでも、親として、経営者として

私は１９９５年から、幼児教室を経営しています。子どもの能力開発と親御さんたちに子育てを指導するやりがいのある仕事をしながら、ひとり親で３人の子どもを育ててきました。子どもが大好きな私にとってこの仕事は天職だと思って真剣に取り組んできましたが、娘の闘病のサポートと両立することは簡単ではありませんでした。

そこで私は、スタッフに真っ先に璃花子の病気のことを伝えました。教室がいちばん忙しい、絶対１人も講師が欠けてはならない土曜日の朝に、病院の廊下の窓から外を眺めながら教室に電話しました。

私の教室のスタッフは、長い人で在勤20年を超えます。もともと生徒さんのお母さんだったスタッフも多いので、璃花子が生まれる前から私の子育てや子どもたちの成長を見守ってくれていました。私の人生の苦楽を知り、璃花子の活躍を喜んでくれて

幼児教室の指導で、とくに大切にしてきたことは、「人間力を高めること」「強い心をもつこと」。子どもたちが将来、自分で描いた人生を幸せに生き抜く力をつけてほしいと願って、指導しています。

いたスタッフたちにとっても、その報告は青天の霹靂《へきれき》だったと思います。

「こんな忙しい日の朝に休むことになって、本当にごめんなさい。こんな事情だから今日は休ませてね」

と伝えましたが、私にはスタッフの心情や、その日の忙しい教室の様子を想像する余裕はありませんでした。ただただ生徒さんがいつもどおり楽しくレッスンを受けてもらえるようにと思いました。そして、後日、保護者の方にお手紙を書きました。

書くべきことは決まっていました。それは、母としての覚悟、経営者としての責任です。

璃花子が白血病と診断され闘病が始まっていること、私もしばらく不在がちになること、病気のことは見守っていただきたいこと、そして、手紙の最後には大切な大切な生徒さん、保護者の方々に向けてこう結びました。

《思いは現実化します。

私の子どもたちが小さいころ、夢の実現のためにイメージトレーニングをしていたことを、皆さんのお子さんの健康のため、夢を叶えるために行ってください。

そして今少し時間があれば、娘の病気が治り、いつの日かまた表彰台の真ん中に立つ、笑顔の娘をイメージしてください。今後とも、どうぞよろしくお願いいたします。私もがんばります。》

幼児教室でのキャリアが長いことから、当時、いくつか講演のご依頼をいただいていましたが、断腸の思いで教室運営以外のお仕事はすべてお断りをすることにしました。皆さまに、こちらの都合でご迷惑をおかけすることをお詫びし、理解をしていただきました。

ただ、璃花子が帰国した翌々日の日曜に決まっていた講演だけは、直前ということもあってお断りできず、遠方で講演をし、その日のうちに帰ってきました。それが唯一の例外です。

正解がわからない日々

璃花子の治療は一進一退を繰り返しました。わりと元気に話をする日もあれば、スマホを手にすることすらできない日もあって、かなり波がありました。頭が割れそうに痛ければ頭痛薬、吐き気が止まらなければ吐き気止めと、治療以外の薬の量もどんどんと増えていきます。点滴の量もみるみる増えて、多いときは10本以上の点滴がつながれ、その様子はまるで、璃花子が壊されていくようでした。

あるときには、璃花子が意識を失って、先生や看護師さんが部屋に駆けつけるのを、見守っているしかなかったこともあります。こんな大変なときなのに自分が何の役にも立たないので、どこか冷静でもありました。病室の椅子を脇に寄せたり、荷物が邪魔にならないようにどかしたり。目の前で起きていることがつらい、と感じることすらできませんでした。

ここを乗り切ればなんとかなる、ここを我慢しないと次の段階へは進めない。そんな気持ちを自分の中に生み出して、嘆き悲しむという気持ちを覆《おお》い隠していたのだと思います。

私なりに病気の資料を集めて調べたり、治療について勉強したり、璃花子のこと、家族のこと、幼児教室のこと、常に同時進行でいろんなことを考える日々でした。でも、いくら調べても、いくら考えても正解がわからない。とにかく目の前のことをこなすのに精一杯でした。

泣いていたって治らない

入院中、最も璃花子の状態が悪くて先が見えないとき、

「金メダルをとる璃花子も、このまま寝たきりになってしまうかもしれない璃花子も、私たちの璃花子には変わらないのだから、とにかく生きていてほしい」

長女と長男にこう話したことがあります。このとき、私はとうとう号泣してしまいました。

家族の前で泣いて璃花子が治るのなら、いくらだって泣いたでしょう。でも、泣いても璃花子はよくなりません。むしろ、私がめそめそしていては、璃花子を、長女、長男を心配させてしまいます。私はつとめて璃花子がどんなに苦しんでいるときにも、家族の前では涙したりしませんでした。泣いたのは、この1度きりでした。

それより、璃花子は決してかわいそうな子ではないことや、生きる希望をもつこと、生きることをあきらめないことを一心に伝え、どんなことがあっても私たち家族が支えていくから大丈夫だと、平然とするようにしていました。

「ママじゃなくてよかった」

ある日、体調が落ち着いていたころ、お世話になっているトレーナーの方が見舞いがてら病室までマッサージに来てくれたことがありました。そのとき、璃花子が口にした言葉に、私は驚きました。

「ママにもやってもらえませんか」

自分のほうがはるかに苦しい状況なのに、疲れて見える私の体調を気にかけて心配してくれたのです。

ふだんの璃花子は、私に対して表向きはやさしい言葉をかける子ではありません。むしろ、入院中は病気のせいかずっと機嫌が悪く会話も少なかったぐらいだったのに、私の体調を黙って見ていたのです。

また別のときには、「ママじゃなくて、私でよかった」と言われました。

もし、つらい思いをしているのが私だったら見るに堪えないという意味だと知ったとき、胸の奥がじんと熱くなりました。でも、寝ても覚めても病気になったのが璃花子ではなく、私だったらどんなによかっただろうと、何度も何度も思いました。

退院後の初プールと米津玄師の「Lemon」

私は、璃花子が死ぬかもしれない病になってしまった絶望と、トップアスリートとしての道を絶たれてしまった絶望という二重の苦しみに押しつぶされそうなときもありました。でも、娘自身が「病気を治して、また泳ぎたい」という強い心で前を向いていましたので、そんな娘の姿に私自身が勇気をもらったこともありました。

私は治療する姿を見ているだけで胸が締めつけられる思いでしたから、娘は、言葉では言い表せないほどつらくて苦しいはずです。

しかし、娘は、病気を宣告されたときも、治療や副作用で苦しいときも、決して嘆き悲しんだり、泣きわめいたりすることはなく、ネガティブな言葉は口に出しませんでした。

私は、そんな娘に、どんなにつらい困難にぶち当たっても、決してあきらめず、決して心を腐らせることなく、治る明日を信じて、懸命に生きようとする姿を見ました。娘は、強い心で、病にも、そして、病に負けそうな気持ちにも、打ち勝ってくれたのです。

そして、２０１９年12月、退院することができました。その後も、本人の努力はもちろん、関係者の方々のサポートやファンの方のたくさんの励ましをいただき、徐々に回復をし、退院から３カ月後の２０２０年３月にプールに入ることができました。

私は、娘のやせ細った水着姿を人に見られるのはつらかったのですが、本人は、そんなに気にしていない様子で、「ああ、気持ちがいい」と言って、水の感触を楽しんでいました。

そんな姿を見て、私は、米津玄師《よねづけんし》さんの「Ｌｅｍｏｎ」という歌を思い出しました。

娘と水泳は、一心同体でした。親の私でさえ、あの子は水泳をするために生まれてきたのだろう、と思えてなりませんでした。ところが、病気で水泳が奪われ、もしかすると二度と泳げることはないのかもしれないということに直面したとき、まるで「Ｌｅｍｏｎ」は、娘と水泳のことを歌っているように感じました。

とくに歌詞の最後の、

「切り分けた果実の片方の様に　今でもあなたはわたしの光」。

切り分けられた、娘と水泳。闘病中ずっと私の頭の中をかけまわっていた歌詞。

一心同体であった娘と水泳が、いつかまた1つになれる、病に打ち勝つ希望の光が水泳なのです。

逆境からはい上がるのに必要な「希望の力」

2020年7月23日、あの入院から約550日後のその日、璃花子は真っ白な服を着て、聖火がゆらめくランタンをもち、新国立競技場の芝の上に立っていました。

延期になった東京五輪の開幕まで1年となったその日、東京2020大会組織委員会が主催したイベントで、1年後に向けてメッセージを発するという大役を仰せつかったのです。

ライトを浴びて輝く芝の上に、璃花子はたった1人で立っています。その姿を見て私は、まるであの闘病の日々と同じように「ひとりぼっちだな」と感じました。広い芝の上には、璃花子しかいないからです。

でも、その孤独は病室での孤独とは違います。先生や看護師さんが入れ替わり立ち替わりやってくる、私たち家族もできるだけそばにいた病室で、それでも璃花子はこのうえなく孤独でした。専門家の支えを受け、また、応援してくださるたくさんの方がいらっしゃいました。そんな方々に支えられながらも、しかし、たった1人で、病気という強敵に立ち向かっていました。毎晩毎晩1人寂しい孤独な夜を重ねていたのです。

それに比べると、今、たった1人でフィールドに立つという同じ孤独であっても、そこには明るい未来を感じることができました。

璃花子が読み上げたメッセージには、そうしたサポートや応援への感謝の思い、そして、新しく始まる日々への希望が込められていました。

このイベントの依頼を受けたのは、アスリートとしてこのうえなく名誉だったこと、そして断腸の思いで出場をあきらめざるをえない自国開催のオリンピックに、こうした形でも関われることからです。これは、璃花子自身がそう判断し、お引き受けさせていただくことにしました。

オリンピックは1つの大会にすぎません。しかし、オリンピックという舞台に出ること、競い勝つことはアスリートとして最大の目標であり夢であることは間違いありません。

夢を目前にして、競技はおろか、命さえも奪われそうになった人間があきらめていた母国オリンピックへの参加に、1年前とはいえ関わることができる奇跡、本当にうれしくありがたいことでした。

あのイベントは、1年後のオリンピックに参加できることは叶わないけれど、必ずアスリートとして復活し、また活躍するという純粋な決意の舞台でもありました。

東京2020オリンピック

１年前の東京オリンピックのイベントでは、出場は叶わないだろう、と思っていた東京オリンピック。娘は、持ち前のポジティブさと努力、たくさんの方々の支えで、オリンピック派遣標準記録を突破し、２０２１年7月の東京オリンピックに出場することができました。

出場した種目は、「女子４×１００mフリーリレー」「混合４×１００mメドレーリレー」「女子４×１００mメドレーリレー」の３つ。女子メドレーリレーでは、決勝に進むことができ、璃花子は第３泳者として、得意のバタフライを泳ぎました。「自分を信じる力」が璃花子自身を支え、再びオリンピックに戻ってくることができたのだと思います。

東京オリンピックは無観客となり、私は自宅のテレビで応援しました。病から立ち上がって代表に選ばれ、再び力強く泳ぐ姿を見ることができたのは、夢のようでもあり、大変うれしかったです。と、同時に、とても悔しい気持ちもわいてきました。

5年前のリオデジャネイロオリンピックで娘は、海外の選手たちに圧倒的な差をつけられました。だからこそ東京に向けて懸命に練習に励み、ようやくあと少しで肩を並べられるところまで来た、と思った矢先の病気でした。娘も東京オリンピックはうれしくもあり、同時にライバルの選手たちの活躍を見せつけられ、とても悔しかったに違いありません。でも、その悔しさをもモチベーションに変える力が娘にはあります。すでに2024年のパリオリンピックを目指して、前に進んでいます。

子どものときに描いた絵のイメージをもって、どんなときもあきらめない、強い心をもつ娘をこれからも応援していきたいと思います。

ひとり親でも、夢を叶える子どもを育てられる

璃花子は、私の３人の子どものうち、私に似ているところがたくさんある子です。とくに、体格や筋肉の付き方、運動の能力が似ています。性格もそうです。でも、璃花子のこれまでの20年間の人生と私の人生とは、かなり異なります。20歳の１年間だけを比べてみても、当時の私には、璃花子にとっての水泳のような、打ち込めるものは何ひとつありませんでした。

それでも、結婚をして子どもを産み、離婚してからずっと１人で幼児教室の仕事をしながら３人の子どもを育ててきました。

３人の子どもは、ひとり親の環境をつらいとも悲しいとも感じてこなかったようです。というのも、子どもたちは周囲の人から「ひとり親の家庭だったと知らなかった、ごめんね」と言われるたびに、なんで謝られるのだろうと思ったようです。

もちろん、私としてはひとり親なりの精一杯のことはしてきたので、子どもたちがそう思ってくれているとしたらうれしいです。でも、何か特別なことをしたとは思っていません。私としては普通に、当たり前に、子どもがちゃんとした人間になるよう子育てをしてきました。

私はわが子だけでなく、約30年にわたって経営している幼児教室で数多くのお子さんと触れ合うことで、たくさんのことを学ばせていただきました。今、幼児教室で、子どもたちと親御さんに伝えているのは、私が自分自身の子育てで学んだこと、経験したこと、そして、仕事を通じて体得してきたことが中心です。

大学を卒業するまでが子育て

子育ての軸として揺らがないのは、親は誰だって、どんな人間であっても子どもが夢を叶えられる子育てができるということです。自分が優秀でなくても、両親が揃っていなくても、大丈夫です。そのことは、長い時間をかけて私自身が証明できたのではないかと感じています。そう、トンビでもタカを育てられる子育てをすればいいのです。

この本でお伝えしたいのは、どうやって私がその軸を身につけてきたか、また、ど

浮き輪をしている懐かしい写真。子育てや幼児教室で教えていることは、「自分を信じること」「人間力を育てること」「本番力をつけること」。大人になっても、幸せで笑顔でいてほしい、何があってもあきらめない「強い心」をもったやさしい人になってほしい、と願っています。

うやって親御さんにそれを身につけていただけるかでもあります。私が接してきた親御さんの姿は、試行錯誤しながら1人で子育てをしてきた私の姿と重なる部分がたくさんあるのです。

子育ての先輩として、幼児教育者として、少しでもお役に立てるのでしたら、とてもうれしいことです。私は、たくさんのお子さんに、娘のように好きなものに打ち込んで、夢を叶えてほしいと思います。

わが子の子育てについては、大学を卒業するまでは、私の責任であると思っています。璃花子もすでに、成人ではありますが、母親として子どもたちを見守っていくことに変わりはありません。

社会人になれば自己責任。失敗したことも、うまくいったことも丸ごと自分の糧にして成長していってほしいのです。そんなたくましい人になってもらえるよう、それまではまだしばらく、全力で子育てをしていきたいと思っています。

次の章では、主にわが子3人の子育てについてお話しします。

第2章

「あなたには無限の力がある」

本当は、水泳を習わせたくなかった

「璃花子さんをトップスイマーにするために、どんなふうに水泳をつづけさせたのですか」

「水泳をやめたいと言われたとき、どのように向き合いましたか」

璃花子が14歳で初めての日本代表になるようになったころから、こうした質問を何度もいただくようになりました。

おそらく、質問をしてくださった方のなかには、子どもたちを物心つかないうちからスイミングクラブに通わせ、やめたいと言ってもやめさせず、半ば、強制するようにしてつづけさせた結果、日本代表になったり、オリンピック選手になったりしたと思っていらっしゃる方もいるのだと思います。いわゆる、「スパルタママ」のイメージです。

でも、それは違います。本当は子どもに「水泳をやらせたくなかった」のです。

水泳は、私自身が子どものころ、通わされていた習いごとでした。

私が小学2年生のときに近所のスイミングクラブに通いはじめた当初は、それなりに楽しかったです。前よりも速く泳げるようになるのはうれしいし、学校とは別のお友達とも会える。スイミングクラブに通うこと自体は、私にとって放課後の楽しみでした。

ところが、タイムがよくなってきて、選手に選ばれるようになると、楽しみよりも練習の苦しさが勝り、泳ぐことそのものをやめてしまいました。小学5年生のときでした。

その後、運動が得意だったこともあり、いろいろなスポーツをしましたが、水泳の練習ほど苦しく楽しくないものはないから、子どもたちにはスポーツをするなら水泳以外のものがいいと思っていました。実際に、長女は小学1年生のときに、クラシックバレエの教室に通いはじめ、スイミングクラブには2年生から行きました。

私は知らなかったのですが、クラシックバレエ教室にも、子どもたちに体を使って表現することの楽しさを教える教室と、一握りの素質のある子を見出し育て上げる目的の教室があります。

長女が通った教室は後者でした。それがわかり、長女には合わなかったため、クラシックバレエは1年間でやめ、次に通ったのは、近所にあって好きなだけ通えるスイミングだったのです。

そもそも陸上で生活する人間にとって、水泳は苦しいスポーツです。何が苦しいかというと、呼吸が好きなようにできません。息つぎをしない限り水の中です。どんなに苦しい練習をしても、陸でするスポーツは呼吸が自由にできます。

もう1点、水泳は足を地に延々とつくことができません。やっと壁に到着し、足をつき、息をしたかと思うとまたスタートし、延々とプールの底だけを眺めるのが水泳の練習です。

でも、「私が苦しい思いをしたから」といって、子どもに水泳をやらせないというのもおかしな話です。

結果は、長女も、あとを追うように始めた長男も、あっという間に「選手」のコー

５歳４カ月のころ。この子の才能を引き出して伸ばすために、人と比較せず、常に前向きな言葉「あなたならできる」「すごいね」をかけていきました。璃花子は心から水泳が好きになり、今も変わらず水泳は大好きです。

スに上がってしまったのは皮肉なものでした。

そして、璃花子も、3歳のとき上の2人と同じように水泳を始めました。4歳で4泳法（クロール、平泳ぎ、背泳ぎ、バタフライ）25m泳げるようになり、5歳では、50mを泳ぐことができるようになっていました。

水泳はいつやめてもいい

そもそも私が子どもたちにスポーツをさせたかったのは、そこで「人間力」を育んでほしかったからです。

子どもたちは家庭でも学校でもない場所へ行けば、また、違う人たちに出会えます。さまざまな人との関わりのなかで、人間関係や礼儀、目標を決めて努力することと、失敗してもあきらめないことを、スポーツをとおして学んでほしいと思っていました。そうした人間力を育めるスポーツであれば、水泳でなくても、なんでもよかったのです。

　ですから「これは人間力の育成に反する」「こんなことではいい人間になれない」、そう感じることがあれば、ただちに子どもたちにスイミングクラブも、水泳そのものもやめさせようと思っていました。

　その気持ちは、璃花子のタイムがどんどんと日本代表レベルに近づき、超えるようになってからも変わりませんでした。

　もしも、璃花子が、ほかの子よりも速く泳げることを自慢したり、タイムがいいことが偉いことだと勘違いしたなら、私はすぐさま水泳をやめさせていたと思います。

　実際に、璃花子にもそう伝えていました。

「水泳なんか、いつでもやめさせるからね」

　ところが、私から「あの子より速く泳ぎなさい」「絶対に選手に選ばれるんだよ」とガミガミ言われたことのない璃花子は、いつの間にか水泳そのものを心から楽しみ、大好きになっていました。

　人間には１番になることよりも大事なことがある、と思います。私が繰り返し子どもたちに伝えてきたのは、そのことでした。このことは、教室に通う生徒さんたち、子どもたちを指導する講師たちにも常日ごろから言っています。

タイムよりも大事なことがある

「ジュニアオリンピック（ＪＯ）」という大会があります。日本水泳連盟が主催する、全国から18歳以下の選手が参加する全国大会です。この大会に参加することが、すべてのジュニアスイマーの目標です。出場するには、標準タイムを突破する必要があります。

スイミングクラブに通っている選手はみな、このＪＯに出ることを大きな目標にしていますが、子どもたちがある程度、速く泳げるようになってからも、私はそのＪＯという2文字が何を意味しているのか、わかりませんでした。それだけ、水泳について不勉強で無知でもあったのです。

繰り返しになりますが、私は、水泳をとおして人間力を鍛えてほしいと思っていましたから、どんなにタイムがよくなっても、人間力がつかなければ意味がないと考えていました。

もしも子どもたちが、少しくらい速く泳げるからと、偉そうな態度をとったり、特別扱いを求めたりするようになったなら、私は子どもたちにそれは違うのだと一から教えなければなりません。

タイムや技術より、「心」こそが大事だからです。

たしかに、タイムが縮まったり大会に出られたりすれば、子どもは喜びます。やるからには真剣に、一生懸命がんばってほしいと応援もしました。

でも、簡単に世界のトップに立つような選手になれるわけではないことを、私自身、身をもって体験していました。だからこそ、トップに立つことよりも、努力やその過程こそ価値があると思いました。

もしも、親からガミガミ言われたり、叱られて嫌々水泳をつづけたとしたら、人間力が身につくでしょうか。

もしも、速く泳げるからとちやほやされ、それを当たり前だと受け止めて感謝する心を知らない子に育っていたら、人間力が身につくでしょうか。

そう考えると、水泳という記録を競うスポーツをしていても、記録以上に大事なことがあると思えるのです。

ですから、私は璃花子に、使える物は、すべて姉と兄のお下がりを使わせてきました。選手コースになったからといって、一式ユニフォームを揃えることはしませんでしたし、水着やゴーグルも最小限しか買いませんでした。人間力を育てるために、そうしたものは必要ないと考えていたからです。

「あなたには無限の力がある」と言いつづける

私は、水泳をしていた3人の子どもに、特別に高価な水着を何枚も買い与えませんでした。

その代わり、というわけではないのですが、たびたび、私は子どもたちに声をかけてきました。

親なら、子どもと向き合い、声をかけるのは当たり前のことかもしれません。でも、どんな言葉をかけるのかは、人によってずいぶん違うのではないでしょうか。

私は、璃花子にたびたび、「できるよ」「まだまだ力があるよ」と語りかけていました。

たとえば、璃花子自身があるタイムを目標にしているときには、

「璃花子ならきっとそのタイムが出せるよ！」

「璃花子にはまだまだ眠っている力があるからきっとできる」

と口にしていました。

客観的に見れば、達成はむずかしいかなと思う目標であっても、100％はむずかしくても、50％でも、たとえ1％でも、その目標に近づければ、達成感は得られます。だから「そこに近づけるよ」「もっとやれるよ」というつもりで、「できるよ」「まだまだ眠っている力があるよ」と励まし、やる気にエネルギーを与えてきました。

目標としていたタイムを突破しても、優勝しても、私の言うことは同じです。ほめたのち、「まだできるよ」「まだまだ眠っている力があるよ」、そう声をかけて、「璃花子には無限の力がある。もっともっと速くなれるよ」と励ましてきました。

言ってみれば、「暗示」です。

大人でも、「あなたならできるよ」と繰り返し言われると、「そうかも……」と思ったり、うれしい気持ちになったりしますよね。とくに小さな子どもたちは純粋なので、良くも悪くも暗示にかかりやすいのです。

ですから、こちらがびっくりするような、目標をはるかに超える記録を出すこともたびたびありました。

もしも私が、「ちょっとむずかしいね」と声をかけていたとしたら、どうだったでしょうか。

もちろん、そういう否定的な言葉を、発奮材料としてがんばる子どももいるのかもしれません。しかし、私自身もそう言われてがんばれるタイプではありませんし、璃花子は私の3人の子どものなかで、いちばん私に性格が似ています。「無理だよ」と

娘の試合にはいつも応援に行っていました。中学生になっても「まだまだ伸びる力があるよ」と言いつづけました。親は子どものいちばんの応援団です。

言われたら、ふてくされてしまっていたことでしょう。

それより、「もっとやれる」「あなたは素晴らしい」と暗示をかけつづけたのです。

子ども自身が自分の存在を肯定することにもつながるので、そのようなプラスの暗示はどの子にも必要なことです。

「暗示」については第4章の186ページでも詳しくお伝えしますが、人間力を育てるためには欠かせないものです。

「子どもの成績」と「親の価値」を混同してはいけない

「水泳には、タイムよりもずっと大切なことがある」

スイミングクラブでいろいろな親御さんと顔を合わせるなかで、いつも自分に言い聞かせていた思いです。

すべての親御さんではありませんが、でも、少なくないお父さん・お母さんは、子どもが選手ぐらいになると、わが子は水泳を楽しめているか、コーチや周りの大人たちに失礼な態度を取っていないか、お友だちと仲良くできているかよりも、わが子のタイム、出場できる大会、そうしたものに関心をもたれている方がいるようにみえました。

いちばんしてはいけないと思うのは、子どもの成績がよいイコール「親のほうにも価値がある」かのような、ちょっと勘違いした言動をとることです。

私は、「子どもたちの成績」と、「親の価値」はまったく別だと考えています。子どもがどんなにいい成績を収めても、それで親の価値が変わったり、偉くなったりするわけではないのです。**親は絶対にそこを勘違いしてはいけません。**

子は親の変化に敏感ですから、親が偉そうにしていたら、「私もそうしていいんだ」と思ってしまうでしょう。子どもは子ども、親は親です。子は親の所有物ではありませんし、親と子は別人格。子のがんばりを、ちゃんと尊重してあげなければいけないと思っています。

決して、「成績が伸びること」「1番になること」だけを重視するのではなく、習いごとに限った話ではありませんが、幼いころに経験する習いごとをとおして、努力することと、あきらめないこと、我慢すること、友だちに思いやりをもって仲良くすることなどを身につけることが大切だと思っています。

親が成績を上げることを目的としたり、そればかりを評価したりしてしまうと、人間力を育てるどころか、子どもの伸びる力の足を引っ張ってしまいます。ほかにもっと大切なことがある、ということを忘れないようにしなければなりません。

先輩たちにかわいがられる子になっているか

璃花子が初めて日本代表に選ばれたのは、14歳、中学3年生のときでした。2015年4月に開催された日本選手権の200m自由形で3位に入ったことで、リレーのメンバーに選出されたのです。中学生での日本代表は14年ぶりということで、いろいろなメディアで取り上げていただきました。

しかし、私が気がかりだったのは、璃花子がベストコンディションでロシアのカザンで世界選手権に臨めるか、リレーの足を引っ張らないかなどといったことではなく、日本代表として一緒に合宿をし遠征もする、社会人・大学生・高校生たち、とくにチームを組むリレーメンバーのお姉さんたち（社会人2人、大学生1人）とうまくやっていけるか、ということでした。

私としては人間力を育てるために水泳をさせてきたけれど、実際のところ、娘はどうだろう。そのような実力社会のなかで、お姉さんたちに嫌われたりしないだろうか、と心配でした。

さまざまな不安が、私の胸に去来しましたが、実際の様子を見て安心しました。

リレーメンバーのお姉さんたちは、中学生の璃花子を自分の妹のようにかわいがり、リレーメンバーの一員として受け入れてくれていました。

璃花子自身も、立派に役目を果たすことができました。

8月の世界選手権では、4×100mフリーリレーは9位、4×200mフリーリレーは7位となり、日本はリレーで翌年のリオデジャネイロオリンピックへの出場枠を獲得しました。

もちろん、璃花子が目標にしていたオリンピック出場を手中に収められたことは、とてもうれしかったです。でもそれ以上に、璃花子がチームの一員として認められ、愛されているとわかったことが、私には何よりの喜びでした。

本人が決断したら、あとは応援だけすればいい

国内でリオデジャネイロオリンピック選考会が行われたのは、璃花子が15歳の高校1年生のときでした。

璃花子は、100mバタフライの代表も、200m自由形でよい記録を出すことも狙っていました。しかし、200m自由形の準決勝のレース後、1時間もしないうちに、100mバタフライの決勝レースがあったのです。

当時の実力は、最高のコンディションであれば100mバタフライの代表に選ばれ

リレーメンバーのお姉さんたちにかわいがってもらえるか不安でしたが、それは杞憂でした。先輩を敬い、チームの一員としてしっかり役目を務めることができました。

るくらいでしたから、バタフライの直前に２００ｍ自由形を泳ぐのは、賭けでもありました。関係者も最後までそこは悩んでいたようです。

私は、璃花子に「２００ｍ自由形は、どうするの?」と尋ねたところ、あっさり「出るよ」と答えました。「そうか、出るんだぁ……」私は内心そう思いました。

私はこのあと娘にどう言葉をかけるか思案したのち、「自信はあるの?」と聞きました。

「ある」

この会話は、ここで終わりです。

親は、つい「本当に大丈夫なの?」「本当に自信あるの?」「無理してない?」など と、子どもを不安にさせてしまうようなことを言いがちですが、ネガティブなことは決して言ってはいけません。

本人が悩んで出した決断の結果、「自信がある」ならば、その後に訪れる結果はどのような形になろうと本人の糧《かて》になるはずです。親とはいえ第三者は黙って応援すればよいのです。

その試合直前のインタビューで娘は、記者の方に「今回スケジュールがタイトですが」と聞かれ、「私だったら、できると思います」と答えています。あるときは、記者に「自信はありますか?」と問われ、「あります!」と堂々と答えていました。

そうやって自分の言葉で、しかも、自分自身を奮い立たせる言葉を言えるようになった姿を見て、娘の成長を感じることができ、胸がじーんと熱くなりました。

結果、2016年のリオデジャネイロオリンピックでは、7種目に出場し、100mバタフライでは5位に入賞することができました。

「お手伝い」をしなかったら、親は絶対代わりにやってあげない

前にも書いたとおり、わが家は母1人、子ども3人の母子家庭です。すでに長女と長男は就職していますが、家族といえばこの4人です。

仕事をしながら3人の子どもを育てた私に「大変だったでしょう?」と言ってくだ

さる方も、いらっしゃいます。たしかに、大変な日々だったように思います。でも私は、大変だったころのことを、あまり覚えていないのです。一つひとつ記憶にとどめている余裕すらなかったということなのかもしれませんが、笑顔のたくさんある楽しい時間でした。

子どもが小さいころは、わが家では当たり前だったルールがたくさんあります。その1つは、子どもたちが**毎日、必ず「お手伝い」**をすることです。

それも、ただのお手伝いではありません。

お手伝いというと、食べた物を片づけるとか、お買い物へ行ったときに荷物をもつとか、そういったサポートのイメージが強いかと思います。

しかし、そのお手伝いが「家族全員分の食器を洗う」とか「お風呂の掃除をする」とか「みんなの洗濯物をたたむ」とかだったら、どうでしょうか。

もしもそのお手伝いをさぼったら、大変なことになります。食器はずっと洗われないままだし、その日はお風呂に入れないし、洗濯物は部屋に山積みです。

「自分がやらなければ、みんなに迷惑がかかる、生活が成り立たなくなる」

そんな役割を、私は「お手伝い」として子どもたちに与えてきました。

もちろん、子どもですから、やらないでさぼる日もありました。練習で疲れて帰ってきた日などは、とくにそうです。

でも、やらなかったら私は、

「仕方ないわね」

と小言を言いながらやってあげる、なんてことは絶対にしませんでした。

そのお手伝いをすることは、言ってみれば親と子の間の「約束」だからです。

その約束を子どもが破り、親までもやってあげるという「二重の約束破り」を、私は絶対にしませんでした。

「お手伝い」では重要な役割を与える

お手伝いをやらないなら、それでもいいのです。子どもを叱る必要もありません。

ただ、自分の食器も汚れたまま、お風呂にも入れず、散らかった家で生活するという、自らが招いた結果のなかで暮らして、何か感じればよいのです。

親が代わりにやるのではなく、「自分がしなければ、こうなる」ということを子どもに身をもって経験させることが大切です。そうした積み重ねによって、子どもは責任をもって仕事をするとはどういうことなのかを、自ら理解していきます。

別の約束もありました。「しなければ、こうなる」ではなく、「したら、こうなる」という約束、つまり、子どもにとってはご褒美《ほうび》です。わが子たちには、幼児教室での課題、おうちでやることの課題、お手伝いなどさまざまな課題がありました。1日にやらなければいけない課題をすべて終えるとご褒美があるのですが、幼いころの璃花子と決めたご褒美は、「ママと一緒に寝ること」でした。

こういった約束は、ひとり親として働く私の助けにもなりましたが、それ以上に、子どもたちに社会への参加を実感させ、自主性を育てるという点で、大きな意味があったと思っています。

家庭はいちばん小さな社会であり、家族はそのメンバー。メンバーみんながそれぞれの重要な役割を果たさないと、社会は健全に動いていかない。それを子どもに教えるのが、わが家でのお手伝いです。

自主的にやっていると思わせる

実際にわが家で子どもたちが担ってきた「お手伝い」は、それをやらなければ家庭が機能しないという、重要な役割でした。

そうした役割は、たいていの場合、毎日しなければならない面倒な、つまり、できればやりたくないと感じるようなものです。

そうした役割を、どうしたら子どもたちに引き受けさせることができるのでしょうか。じつは、そうむずかしいことではありません。

まず、小さいころから「お手伝いをさせてもらえるなんて、すごいことなんだよ」と教えるのです。

先ほども書きましたが、家庭はいちばん小さな社会です。

子どもなら、その社会に守られ、社会から何もかもしてもらうだけで、自分から社会に貢献しなくても生きていけます。そう考えれば、子どもは家庭（社会）の役に立たなくてもいいといえます。

でも、「社会に参加したいなら参加もできるよ」「役割を担えるよ」「あなたならできるから、やってみない？」と誘います。

うちの場合は3人とも、それで「やる」と言いました。子どもはみな子どもなりに、自らすすんで周りの役に立ち、認められたいという気持ちをもっているのです。

お手伝いに限らず、やるべきことがあるけれどやりたくない場合は、選択肢を与え、子どもたちに選ばせてきました。

「○○する？　○○する？　どっちにする？」と投げかけます。子どもにとってやりたくないことが2つ並んでいるわけですが、「どちらもしない」という選択肢はなくなります。2つの選択肢のうちどちらか選ばざるをえなくなった子どもは、よりましなほうを選べたことで親に対する優越感が得られます。自分で選んだことですから、結果としてやり遂げるのです。

いったん約束をしたら、それを破るのは無責任だし格好も悪い。じつは、子どもでも、それくらいのことはちゃんとわかるのです。

社会に出てみると、家庭でのお手伝いは「仕事」と呼び名が変わります。そう考えれば**世の中はお手伝いでいっぱい**です。ふだんの仕事に限りません。ちょっとした人付き合いにも、役割も約束もあり、それを果たせば信頼されるし、ほったらかしにすれば信頼されません。

家庭という最も小さな社会で、「役割を果たすこと」「約束を守ること」を徹底していれば、家庭の外に出ても、それが当たり前になります。そう信じて、私は子どもたちに、お手伝いという名の役割を与え、家庭のルールとしてきました。

約束を守らなかったらどうなるか、を経験させる

わが家では、いったんした約束はとても大切です。

約束を守らない子どもに我慢できず、親はイライラすることもあるでしょう。「さっさとやりなさい！」「みんなが困るでしょ！」と言いたくなると思います。でも、ここはひと呼吸おいて、冷静になってみましょう。**約束を守らなかったことによる結果を、子ども自身に経験させればいい**のです。

たとえば、食事。じつは、璃花子はかなりの偏食で、食べることに時間がかかりました。そこで「食事の時間は○時まで。残してもいいけど、残った分は次の食事で食べてね」と言っていました。食べるものを残す自由は認めるけど、次の食事は、それを食べてからでないと、みんなと同じものが食べられないという約束がありました。

ですから、それを言うと子どもはあっという間に、食事を食べきります。子どもが

自ら選んで、次回食べることにはしないのです。親もまったくイライラしません。もし残せば、次回の食卓に「はい」と出せばいいのです。

子どもが食べている最中に遊びはじめたり、立ち歩いたりする場合は、食べはじめる前に「食事は遊ばないで座ってするものだから、できなかったら片づけるね」と約束しました。

約束の範囲外になったら本当に片づける。「片づけるよ」と言いながら、食べさせつづけることはしません。そうした行為は、親がつくった約束を自ら破ることになりますし、子どもの悪い行為も改善されませんし、親のストレスはいつまでもつづきます。次回の食事で残った分は出せばいいのですから、親のストレスは減ります。

おかげでわが家では、子どもが幼いころから安心して外食ができました。私１人で小さかった３人の子どもを連れて海外旅行にも行きました。

しっかりした自立心をもった子に育てるために、約束をしたらその結果まで、身をもって経験させることが大切です。

自分のことは自分でできるようにする

お手伝いは、自分の身の回りのことを自分でできるようになるためのトレーニングにもなります。繰り返しになりますが、お手伝いは、子どもたちに家庭というい ちばん小さな社会への参加を実感させ、自主性を育てます。

また、お手伝いをすることで、たくさんのことを経験できますし、たとえば、効率よく終えるためにはどうすればよいか、きれいにするにはどうすればよいか、などと自分で考えたり、工夫したりできるようにもなります。

考えることが習慣になれば、お手伝い以外のところでも、もっとこうしたほうがいいのでは、と気づくこともあるでしょう。お手伝いをすることで、自分で考えて、自分から進んでいろんなことができるようになる子が育つのです。

「自分のことは自分でやる」

これは、生きていくうえで基本的なことです。子どもが大きくなっても、親が手取り足取りやってあげることはできません。親は、自分のことをきちんとできる大人になってほしい、と思いますよね。

そのためには、身の回りのことを親が全部やってあげるのではなく、自分でやるように導いてあげましょう。最初は１人ではできませんから、やり方を教えたり、一緒にやってみたりしてください。

わが家では、子どもたち３人とも、保育園のころから上履きは自分で洗っていましたし、水泳の合宿や遠征の準備も小学生のころから自分でやっていました。本人たちにとっては、当たり前のこととして身についていたのです。もちろん、私の負担も軽くなりました。

ある日のことです。璃花子がランドセルを背負わないで学校に行ってしまったらしく、担任の先生から「璃花子さんが、ランドセルを忘れてしまったようで……」と電話がかかってきました。

私の返事は、きっぱり「届けません」。それほど徹底していました。

璃花子は、身をもって、忘れたことの結果を経験したようです。

ほしいと言われてもすぐには買わない

子どもたちに何かを買ってほしいと言われて、すぐに買い与えた記憶はほとんどありません。決して裕福ではなかったからでもありますが、ほしい物は何でも買ってもらえる、すぐに手に入るのが当たり前というのは子どものためにはならない、我慢を教えることが大切だと思ったからです。

ですからこういうときも、約束をしました。

そもそも、ほしがっている物がもたせたくないものである場合は、約束はしません。約束をするのは、買ってあげてもいいかなと思うものばかりです。ただすぐに「いいよ、買ってあげる」とは言わず、「いついつまで我慢しなさい」とか、「～ができたら買ってあげる」と約束をしました。

璃花子の場合は、やはり水泳に関することが大半でした。娘は家ではほとんど水泳の話をすることがなく、たまに私が尋ねても気のない返事ばかりですが、それでもあの子にとって水泳が、大好きな大切なものであることは間違いありません。だからこそ、そこで約束をするのです。

たとえば、まだまだ買い与えたくないスマホがほしいと言われたときには、「このタイムを超えられたら、買ってあげるよ」と、クリアしたら買ってあげると約束しました。

璃花子が、まだ中学2年生のころでした。

競泳には、インターナショナルタイムと呼ばれる、国際標準記録というものがあります。これをクリアすると、さまざまな国際大会に出場できるようになったり、トップ選手の合宿に参加できたりします。

璃花子もこのインターナショナルタイムの突破を目標にしていましたが、私はまだまだ夢のような話だと思っていました。日本人選手にとって、短距離自由形やバタフライのインターナショナルタイムは、とてもハードルが高いのです。

それでも、璃花子がそれを目標にしていることも、スマホをほしがっていることも知っていたので、それを突破したら買ってあげると約束をしたのです。

でも、私の心の声は「それは限りなく無理。買ってあげない理由にはうってつけ」でした。

結果的に璃花子はびっくりするような記録をたたきだし、周囲は度肝を抜かれました。そのときは、あまり好記録がでないといわれているプールで、しかもコンディションもよくないなか、3種目中2種目で、インターナショナルタイムを突破したのです。

ゴールのあと、本人はプールから上がらずに泣いていました。周りの人たちは、きっとすごい記録を出した感激の涙だと思ったでしょう。感受性が豊かな子なので、もちろんその涙もあるでしょう。しかし同時に、あれは間違いなく、スマホを買ってもらえるという、うれし泣きでもあったと思います。

もちろん、スマホは買ってあげました。

子どもが伸びるときに、上手にそれを引き出してあげる。親にとっては、どちらに転んでも損はない方法です。

1度、璃花子のほうから「やっぱりご褒美を変えて」と言ってきたことがありました。何のときかは忘れてしまいましたが、見事にそれを達成したので、「『しまむら』で洋服買い放題」できることになったときのことです。

しかし途中で、

「やっぱり、『ユニクロ』がいい」

と言ってきたのです。答えはもちろんノー。何回もお話ししていますが、親自ら約束は破りません。

ユニクロは次回にすればよいのです。

今はもうそんな約束は必要なく、何でも自ら乗り越えられる人になってくれた彼女の懐かしいエピソードです。

嫌われてもいいから、正しいことは譲らない

私は長女、長男、そして次女の璃花子と、3人の子どもに恵まれましたが、その3人のなかで、性格がいちばん私に似ているのが璃花子です。

とにかく負けず嫌いで、こうと信じたら突き進み、絶対に曲げないところもそっくりです。

だから似たもの同士、ぶつかることもありました。

璃花子は決めたことを曲げないし、私も曲げたくない。同じ方向を向いているときはいいのですが、そうでないと、折れない者同士、争い勃発《ぼっぱつ》です。

ある日、璃花子と衝突し、徹底的に無視をしたことがあります。

わが子ですからかわいいですし、できれば一緒に楽しい時間を過ごしたいのですが、私がそこで折れてしまったら、間違った考え方を学んでしまうし、「世の中は

（親は）ごねれば折れてくれる」と思ってしまうでしょう。

そうした見方は、いずれ、本人の人生に向けられます。ここで親の私が譲ってしまったら、人間力を身につけることにはなりません。自分はどんなに嫌われても恨まれてもいいから、子どもが正しい人になってくれればよいという願いがいつもありました。

ですから、私の判断のほうが正しいと思うことについては、絶対に譲りませんでした。でも、じつは、これが本当にしんどい。私だって笑顔でいたいし、子どもに冷たくするのは心が痛みます。辛抱するのも大変です。でも、子ども自身が考えたり、内省したりする機会は奪いたくない。私の中で葛藤がありました。

結局、「心を鬼にする」とか「意地を張る」とか肩に力を入れるのではなく、親は、できるだけ冷静でいるのがいいと思います。

するとしばらくして璃花子はあきらめたのか、納得したのか、「ごめんね」と言ってきました。それが、数時間後だったことも、数日後だったこともあります。

璃花子が謝ってきたら、それで冷戦はおしまい。どんな思いでその「ごめんね」を口にしたか、私には痛いほどわかるからです。そこからは以前と同じように接します。それができるのは親子だからこそ。何のわだかまりもなく、日常にもどっていくのがふしぎです。

璃花子だけでなく、長女にも長男にも、手段は異なっても、本質的には同じことを伝え、同じことを大切だと教えてきました。

「ママは璃花子に負けない」の意味

璃花子にはよく、こんなことを言ってきました。

「もし、あなたと同じ年で同じ環境で生きていたら、ママは璃花子に負けない」

小さいころこう言うと、璃花子は必ず反発しました。

私自身が水泳をやっていたことはすでに書きましたが、そのときの環境と比べると、璃花子も、そして長女も長男も恵まれてきました。

タイムのことばかりを言わない監督やコーチ、あたたかく声をかけてくれる周囲の人、面倒を見てかわいがってくれる先輩、調子のいいときも悪いときも励まし合える仲間が、私の子どもたちにはいてくれました。

だからこそ、思う存分、自分の能力を高めることができたのだと思います。

たまたま璃花子は、人間力を育むために始めた水泳が、まるで人生のようになりましたが、長女は大学を卒業後夢を叶え、医療関係の仕事をしていますし、長男も大学まで水泳をつづけ、希望する会社に入り、社会人として活躍しています。

「もし、あなたと同じ土俵にいたら、ママは璃花子より絶対優秀なアスリートになってるよ」

本心ではそうは思っていません。本人の才能はもちろんですが、璃花子には私が育ってきたときとは雲泥《うんでい》の環境があった。そして何よりも、懸命に努力する人間になってくれた。私の言葉は「まだまだ天井は高く、あなたの伸びしろは無限にあると思ってほしい」という気持ちのあらわれです。その言葉は、あくまでも、負けずぎらいの璃花子を発奮させるためのものです。

この章では、わが家で取り組んできたことの一部を書かせていただきました。

強い心を育て、たくさんの選択肢をもち、自分の夢を叶えようとあきらめずに努力をつづける。そんな人に育てる方法があります。

次の章では、その方法について、わが子の子育てに加えて、幼児教室で実践していることに触れながらお伝えします。

第3章

「人に愛される」人になる

日本一、世界一も夢ではないと暗示をかける

「大きくなったら何になるの？」

私の教室では、必ず子どもたちにこう尋ねます。0歳児の赤ちゃんにもです。

お母さんたちのなかには、はじめは「まだ将来のことなんて」といった反応をされて失笑する方もいますが、いずれわかっていただけます。

子どもたちからは、とてもかわいいお返事が返ってきます。

たとえば、「キリン」とか「プリンセス」とか。もちろん「お花屋さん」や「電車の運転手さん」といった答えのこともあります。**どんなかわいい答えでも、そこで笑ってはいけません。**子どもは笑われると傷ついてしまうからです。

私はこう返します。

「そっか、キリンさんになりたいんだね。じゃあ、世界一、背が高いキリンさんにな

ろうね」

私にとって、そして何より子どもたちにとって「キリン」や「プリンセス」と「お花屋さん」や「運転手さん」という答えは〝同じ〟です。夢が何であろうと、子どもたちが願う夢を否定しません。**とにかく、夢をもっていることが大切**なのです。

もちろん、人は大きくなってもキリンにはなれません。

でも、キリンになりたいと思っている子どもに対して、大人が「キリンになんてなれないよ」と教える必要はないと私は思っています。なぜなら、子どもはいつか自分で「将来、キリンにはなれそうにない」と気づきます。先回りして正解を教える代わりに、「世界一、背が高いキリンさんになろうね」と言い、そのために何をどう努力したらいいのか考えるきっかけとします。

子どもたちに聞いている「大きくなったら何になるの?」という質問は、「人は、何のために学ぶのか」という問いにも通じています。人間は生まれ落ちたときから、学ぶことが始まっています。いつか子ども自らが、「いったい自分は何のために学んでいるのだろうか」と学ぶ目的を自問自答する日がくるでしょう。

そのとき、子ども自身が、「自分の夢を叶えるため。そのうえで、人の役に立つ人間になるため」と揺るぎない答えを導き出すことができるかどうか。心の底からそう思えることを根づかせるために、私は質問しています。

子どものかわいい将来の夢は、決して現実的である必要はありません。自分のなりたいものという目標のために、どう努力するべきか、何を学べばいいのか、と夢の芽を芽吹かせて、育てるのが質問の目的です。そうした「暗示」をかけるためでもあります。

私の長男は、2、3歳のころ、「大きくなったらパンダになりたい」と言っていました。少し大きくなると「お姉さんになりたい」と言ったのには驚きましたが、決して否定せず、「日本一きれいなお姉さんになってね」と言っていました。

ここで**大切なのは「世界一の」「日本一の」と言うこと**です。そのためには常に上を目指し、たゆまぬ努力をするんだよと教えたいのです。

現に私は、将来息子が「お姉さん」になってもいいと思っていました。ただ、誰よりも努力して、その道で「第一人者になる」「成功する」という気概《きがい》を育てることが大切だと思っていたからです。

子どものもつ「夢」は、「学ぶこと、努力することの大切さ」を教えてくれます。

今は何でも認めて、育ててあげましょう。

人の役に立ちたいと思える子に育てる

将来の夢をもつことで、さらに子どもに伝えたいことがあります。

それは、「人の役に立つ人になろう」ということです。

小さな子どもには、その言葉の意味するところは理解できないかもしれません。しかし、理解する前から親がそう言いつづけ、子どもが常に耳にしていれば、「人の役に立つ」ことは疑いのない当たり前のことになっていくでしょう。

困っている人がいたら助ける、傷ついている人がいたらやさしくするなど、物心つく前に自然と身についていくと思います。

親や先生に「言われたから」そうあろうとするのではなく、自分から人の役に立つ人になりたいと思えるのは、大人になっても揺るがない素晴らしいことです。

レッスンが始まるときに、私は必ず子どもたちにこう言います。

「お父さんもお母さんも、あなたのことが大好き。いつも一緒にいてくれます。あなたがこれから学ぶことは、あなたにスイスイと吸収されます。自分の夢を叶えるために、たくさん勉強して、みんなの役に立つ人になろう」

子どもの無垢《むく》な心に、みるみるしみこんで、その子自身の礎《いしずえ》になっていくのです。

人に愛される人に育てる

私が3人の子どもたちを育てていたとき、「どんな子どもになってほしいか」と聞かれれば迷わず、「人に愛される人になってほしい」と答えていました。「○○くんと仲良くしたい」「○○ちゃんがいると楽しい」など、わが子がそう言われる人に

レッスンの冒頭で「あなたがこれから学ぶことは、あなたにスイスイと吸収されます」という言葉を子どもたちに伝えます。そのときに大切なのは、体を使って、頭にスイスイと入っていくことをイメージすることです。

育ってほしいと心から願っていました。

私は、子どもたちが勉強を苦にすることなく、もっている能力を最大限に生かして、好きな道で優秀になってほしいとも思っていましたが、やはり最も大切なのは、「子どもが幸せになる」ということでした。

たしかに勉強で1番、スポーツで1番になることは目標の1つかもしれませんが、それが必ずしも「幸せである」とはいえません。

たとえ1番になれなくても、人の役に立ち、たくさんの人にその人間性を愛され、必要とされることが、幸せであると、私は思うのです。勉強ができることや、何かで1番になることより大切なことがあると身をもって感じています。人に愛される人間性を育ててあげることが、子どものいちばんの幸せではないでしょうか。

愛される、そして幸せという言葉は、どこか曖昧《あいまい》かもしれません。

また、ありのままでいいのだと、誤解されてしまうかもしれません。

しかし、愛されて幸せに生きるには、ときには我慢が求められたり、譲り合ったり、相手を尊重したり、ときにはリーダーシップも執らなくてはなりません。そのと

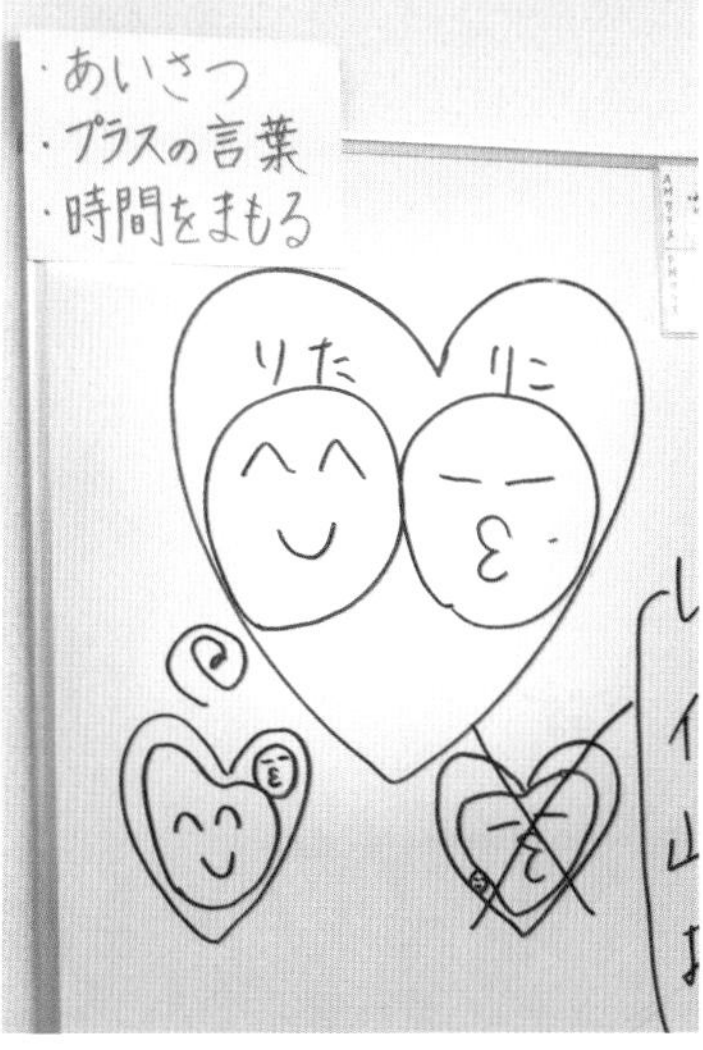

小学生の教室は、いろんな学年の子が同じ教室でレッスンを受けます。ひとりっ子も多いので、年齢の違う子との接し方を学ぶのも大切なことです。

私が尊敬する稲盛和夫さんの教えを参考にして、「利他」と「利己」について話しました。「学ばせるには、まだ早い」とは思いません。わかりやすい言葉でていねいにお話しすれば、純粋な子どもの心にスッと入っていきます。

きどきで、求められることは異なります。

そういうときに、正しく判断し正しく行動できるような子どもを、私は幼児教室で育てたいと思っています。

「教育」には「引き出す」という意味がある

教育は英語で言うとエデュケイションですが、この**エデュケイションという言葉は、もともとは「引き出す」という意味をもつ**そうです。ですから、教育とは親や教師が一生懸命「授ける」ものでも「教える」ものでもなく、子どものもっているものを上手に「引き出し、育てる」こと。それが教育だと思っています。

子どもは無限の可能性をもって生まれてきます。どんなに両親が優秀であっても、それを引き出す環境や働きかけがなければ、子どもは優秀にはなりません。

ならば、逆も然《しか》り。仮に親が優秀でなかったとしても、子どもの無限の能力を上手に引き出す働きかけをすれば、子どもはみな優秀に育っていくのです。

ただ、熱心ならいいというわけではありません。子ども一人ひとりの成長に合わせた接し方が必要です。とにかく優秀にしなくてはという焦りや過度な実力主義は論外です。**子どもの才能を信じながらも、励まし、寄り添い、ときには叱咤《しった》するのが親、そして教育者の役目です。**私は経営者で、スタッフの指導者でもあるので、スタッフの性格に合わせて指導をしてきました。

私の教室にはたくさんの素晴らしい生徒さんがいますが、それは間違いなく、親御さん、とくにお母さんが素晴らしい人たちです。私たちの指導やアドバイスにも素直に耳を傾けてくださり、怠ることなく毎日毎日愛情深く子どもに働きかけています。子どもがもって生まれた才能を上手に引き出しているのです。

私たち教室のスタッフの役割は、日々子どもと向き合うお母さんが、子どもの無限の可能性を引き出すためのお手伝いをしているにすぎません。

すべては親の努力次第なのです。子どもたちの能力を引き出すいちばんの要《かなめ》は、親御さんのほかにはいないと思っています。

挨拶ができると、子どもはガラッと変わる

教室には、約束がいくつかあります。

まず、来たときと帰るときには、**必ず挨拶**をします。もちろん事前にお母さんと話をして信頼関係を築き、納得していただいたうえで、子どもが挨拶をしなければ、玄関から中に入れませんし、「さようなら」と言わなければ帰ることができません。

社会において挨拶がどれほど大切なことかは言うまでもありませんが、子どもの恥ずかしい気持ちや、したくない気分に左右されるのではなく、「お腹が空いたらご飯を食べる」のと同じように「人に会ったら挨拶する」ということを小さいころから身につけさせたいのです。

強情に「おはよう」と言わない子は、お母さんに挨拶をしてもらってお母さんだけ中に入ってもらいます。小さな子どもたちは、お母さんと離れるのはいちばん嫌で

すから、ほとんどの子は、ぴょこんと頭を下げたり、「おはよ」と言ったりして中に入ってきます。

しかしなかには、かなりの強者《つわもの》もいて、自分の思いを曲げるもんかと、ほかのどんな問いかけには答えても、挨拶だけはかたくなにしない子がいます。私ほどの年になれば、なんだかその意地もかわいくて笑ってしまいたくなるのですが、挨拶とはふしぎなものです。

ここでしっかり**挨拶ができるようになると、子どもはみなガラッと変わります。**レッスンのなかで積極性が出たり、集中力が増したり、声を出して楽しそうにレッスンに参加したりするようになるのです。まるでかぶっていた殻を１つ破り、しっかりと世の中にデビューしたような感じです。

玄関で挨拶できないわが子を遠くで見ているお母さんは、つらい。小さな子どもを中に入れないで、挨拶することを教えている私たちもつらい。でも、笑顔で大きな声を出して挨拶できるようになった子どもの姿は、成長の証《あか》しであり、何にも代えがたいものです。

まだわが子が小さかったころ、ご近所の方に「お宅のお子さんは、どの子も挨拶がきちんとできて、えらいね」と言われたことがありました。親が見ていないところでも、子どもたちがちゃんと挨拶をしていることがわかり、とてもうれしかったのを覚えています。

教室のスタッフも、当たり前ですが、挨拶をしてから教室に入ります。前の日やその日の朝に何か嫌なことがあっても、生徒さんの指導には関係のないこと。気持ちを切り替えてから教室に入るようにしています。

できるだけ早く、当たり前のことを身につけさせる

私の教室では、1歳児でもみな50分間のレッスン中、しっかり椅子に座って講師の話を聞く集中力のあるお子さんばかりです。もちろん入会してすぐは無理ですが、事前にお母さんとお話をしてご指導を進めていけば、どの子も落ち着いて長時間、人の

話が聞けるようになっていきます。

そこには、次のような教室の大切な約束があるからです。

あらかじめ、お母さんや私たちは、子どもにこう言って聞かせます。「レッスンのお部屋は、お友だちと静かに座って、先生とお勉強をするお部屋なの。もしも、それが嫌ならしなくてもいいけど、そのときはお部屋の外で待っててね。お母さんは先生と一緒にお勉強できるから、外には一緒に出ないよ」

当然ですが、家庭では子どもは好きなように動き回っているわけですから、はじめのころは自由に立ち歩いたりしたくなることがあります。そのときは、「○○ちゃん、先生のお話聞かなくてもいいけど、それならお部屋のお外で終わるまで待っててね」と言って、子どもをポイと教室の外に出します。

これは、レッスンで落ち着かない子どもに罰を与えているのではありません。「○○ちゃん。勉強しないなら外に出すよ」とだけ言えば脅しであり、罰になってしまいます。

そうではなくて、私たちは、レッスン前に子どもと約束をしたうえで、子どもに選択肢を与えていきます。あなたがそちらを選ぶなら、あなたの行動の結末はこうなりますよと教えているのです。どうなりたいかは、あくまで子ども自身が決めることができるのだと理解させることが大切です。お母さんと楽しいレッスンを受けるのか、ひとりぼっちで外で待たされるのか、決めるのは子ども本人です。

このような教室でのお約束ごとは、子どもには厳しすぎるのではと思われるかもしれません。でも、鉄は熱いうちに打てと言うように、大切なことは、物心つく前の小さなころから身につけていくことが大切です。

これから子どもたちが生きていく外の世界にはたくさんのルールがあります。自分自身がそのルールに身を寄せないといけないからです。

逆に、挨拶をしない、好きなように立ち歩く、人の話を聞かない子どもを、ある程度まで育ったあとで教えるのは、ずいぶん骨が折れます。

幼少期は、人間にとって当たり前のことを身につけるとても大切な時期です。だからこそ、この時期を逃さないよう、しっかりとお母さん方にはお伝えしたいと思っています。

「子どもに甘い親」は、「自分に甘い親」であることに気づく

親は、子どもが泣いたりぐずったりすると、負けてしまうことがよくあります。それは子育てをとてもむずかしくします。子どもは、「泣けば親は折れてくれるんだ」「ぐずればルールは変わるんだ」と学んでしまうからです。

これから子どもが生きていく世界は、自分を中心には回りません。泣いてもぐずっても何も解決しないことを、まず家庭で教えましょう。

そうは言っても、ときに親は負けることのほうが楽な場合もあります。お菓子を買ってあげる、テレビや動画を見せるのは簡単です。延々と泣き声を聞かされたり、ぐずぐずしているのを見たりするのは耐えがたい気持ちになります。

これ以上、子どもに泣かれたらしんどいな、このやりとりを続けるのは面倒だな、と感じて、子どもに負けてしまうのです。

でも子どもは、我慢することや、自分の思いどおりにならない場合があると知ることで、成長していくものだと思います。それなのに、親がしんどさや面倒に耐えられないのは「子どもに甘い親」という以上に「自分に甘い親」ということです。

子どもの我慢する気持ちや、子どもが気持ちを切り替えるのを待つことに耐えきれず、子どもとのやりとりの面倒くささや、イラつく気持ちを優先させてしまっているのです。子どもを育てるには、かわいいわが子にあえて勝たなければならないことがあります。

負けて楽になりたくても、将来の子どもを思って「自分に甘い親」にはなるまいと、グッとこらえましょう。**今の子どもの笑顔より、将来子どもが笑顔で過ごせるほうを優先するのです。これは子育ての大切な秘訣だと思っています。**

ここで、家で泣かれたときの対処法の一例をお伝えします。

わが家では「玄関で泣く」というルールがありました。思いどおりにならずに子どもが泣いているとします。私が言って聞かせても、子どもはなんとか自分の要求をとおそうと泣きやみません。

そんなとき私は泣くことを否定せず、「泣いてもいいけど、玄関に行って泣いてちょうだい」と言っていました。子どもは、親に泣いている姿を見せたり、大きな泣き声を聞かせたりして、親の考えを変えて、子ども自身が親から主導権を奪おうとします。

ですから、その姿を見てもらえない、声も聞いてもらえない玄関で泣くことが、子どもながらにばかばかしくなって、すぐに泣きやんでしまっていました。

「自主性」が育てば「責任感」が生まれる

教室の部屋の中のルールが守れなければ、外で待っている。

これは教室の約束です。子どもが外に出されると、必ず外にいる講師が対応します。「お母さんのところに戻りたい！」と聞く耳をもたず泣きわめく子がほとんどです。泣くことは、「中に戻せ！」というアピールです。私たちはほとんどそのアピールに応えず、落ち着くまで待ちます。

しばらくすると、子どもは我に返り、**「自分が約束を守れないから外に出されたんだ」という今の状況に気づき**ます。選択した結果を理解するということです。

そのあと、「お母さんのところに行きたいの？」と尋ねます。すると嘘のように冷静になって子どもは「うん」と答えます。「じゃあ、お部屋の中でお椅子に座って先生のお話聞けるの？」「うん」「じゃあ、行こうか」

子どもとのやりとりは、これでおしまい。その時々でいろいろな対応がありますが、説得などまったく必要ありません。

ここで大切なことは、泣きやんで、子どもが部屋に「戻りたい」と意思表示したから、部屋に戻ってみんなと先生の話を聞くと約束したから、戻すのです。子どもには、どんなに小さくても自分が決めたことは守ろう、と教えます。

レッスンルームに入ると、自らそそくさと椅子に座り何ごともなかったようにレッスンを受けています。誰かに言われたからではなく、自分でやると決めたからやる、小さな体に真の自主性が芽生えた瞬間、ひとつ成長したとうれしくなります。

私たちが子どもに直接、意思の確認をする理由は第1に、「自主性の育成」です。自分でやると決めたという事実は、責任感を生み出し、物事をやり遂げる力になります。親にやれと言われたからとか、罰をうけるからとかでは、結局は嫌々取り組むことになり、責任感までは生まれないのです。

相手の話をしっかりと聞く力をもつ

璃花子は、３歳でスイミングクラブに入り、４歳のときには4泳法を泳ぎました。5歳のときには、４泳法を50m泳ぎました。6歳になったときに１００m個人メドレーを泳いで、クラブの最高級に達し、その上の選手コースに上がりました。

この選手コースは、毎月、月末にレース形式での記録会があります。璃花子が入ってすぐの記録会は「２００m個人メドレー」でしたので、璃花子も泳がなければなりません。

それでも、50mのバタフライを泳ぐのもやっとでしたから、そのあとに、背泳ぎ、平泳ぎ、クロールもつづけて泳ぐ２００ｍ個人メドレーは大変だったと思います。必死に苦しそうに泳ぐ娘の姿を見て、私は、かわいそうで思わず涙ぐんでしまいました。なんとかゴールできましたが、時間は、５分以上かかり、ダントツのビリ。

しかし、２カ月後には、１分以上、記録を縮めることができました。

なぜ、小さい子がこんなにも早く上達することができたのか。それは、練習量が増えたことや、本人の努力はもちろんありますが、それ以外に私は、２つあると思っています。

１つめは、「人の話をきちんと聞く力」が備わっている、ということです。私の教室では、０歳の子どもでも椅子に座って、講師の話を聞く指導を徹底していて、璃花子も同じ指導を受けました。ですので、水泳でも、コーチの言っていることをしっかり聞いて、どうすれば上達できるか、どうすれば速く泳げるかを自分なりに考えて練習をつづけたのだと思います。

そして、**もう１つは「イメージトレーニング」**です。コーチから教わったことや見たことがイメージできる。さらに、イメージしたように体を動かすことができる。そういったことの繰り返しが、上達させたのだと思います。イメージトレーニングの具体的な仕方については、１４０ページでお伝えします。

何でも子どもに聞かない

子育てでは、親が何から何まで決めていいわけではありませんが、自主性を育てるからといって、何でも子どもに決めさせていいわけではありません。

教室でも「帰る？」「靴履く？」などと、何でもかんでも子どもにいちいち聞いている親御さんがいますが、そのたびに、「そんなこと、子どもに聞かない！」と指導しています。

もし、お子さんが「帰らない」と言ったら、その親子は延々と教室にいるのでしょうか？

もし、お子さんが「靴を履かない」と言ったら、はだしで歩かせるのでしょうか？　きっと違いますよね。そういうときは「レッスン終わったから、帰るよ」「お外に出るから、靴を履くよ」と断定形を使うほうがよいのです。しかも、ただ「帰るよ」「靴を履くよ」ではなく、その理由をしっかり伝えます。そうすることで、論理的な思考を養うことができます。

親御さんの中で答えが出ているものについて、子どもに尋ねることに意味はありません。選ばせているようでいて、子どもを迷わせています。

選ばせるべきなのは、「お子さん自身しか決められないこと」「親御さんとしてはどちらでもいいこと」だけです。

お子さん自身しか決められないこととは、たとえば、先ほどお話ししたような教室に戻るかどうかです。ここでは、講師と子どもとの間の「落ち着いて席につく」という約束が前提ですから、このまま外にいるか、中に入るかは、子どもが決めればよいのです。

また、親御さんとしてはどちらでもいいこととは、たとえば「チョコのケーキにする？ イチゴのケーキにする？」「赤がいいの？ 青がいいの？」といったこと。子どもの好みを優先させてまったく問題のない場面です。そして、選択させたあとは、子どもの選択をちゃんと結果まで経験させることが大事です。

何でも決めさせればいいわけでも、何でも決めてあげればいいわけでもありません。子どもにしか決められないこと、子どもに決めさせてもいいことは子どもに決めさせて、親の結論が出ていることは子どもに決めさせない、という明確な区別が必要です。

「土台」を大きくすれば「人間力」も大きくなる

私が教室で目指しているのは、人に愛されて幸せになれる子を育てることです。まず、人間性を育てる。能力開発はそのあとです。

人間の脳には「右脳」と「左脳」それぞれの働きがあります。

右脳は感性脳、左脳は論理脳とも呼ばれ、感性や感情をつかさどるのが右脳、言語や論理、理屈などをつかさどるのが左脳といわれています。

子どもは生まれながらにして右脳が優位に働いています。しかし、成長し、言葉を理解し、論理的に考えることができるようになると、だんだん左脳が優位にシフトチェンジしていきます。

いわば、右脳が優位だった子ども脳が、知らず知らずのうちに左脳優位の大人脳になっていくのです。右脳には、素晴らしい記憶力、集中力、創造性があります。天才と呼ばれる人は、この右脳の働きが素晴らしいのです。

もちろん、大人脳になるのは悪いことばかりではありません。社会生活をまっとうに営むためには、論理的な思考力も必要です。しかし、この左脳の及ぶ力は、人間の能力の１割にも満たない顕在意識（顕在能力）。残りの９割以上は右脳の潜在意識（潜在能力）だといわれています。

この右脳の潜在的な能力を成長したあかつきにも十分に使えるようにするには、どうしたらいいのでしょうか。答えは、幼児期、右脳優位の幼児期にその能力が消えな

脳を活性化させるために行う「百マス計算」。ストップウオッチを使って、決まった時間内に取り組みます。限られた時間のなかで、自分の能力を発揮できるか。こうしたレッスンの積み重ねで、子どもの才能を伸ばします。

いように引き出し、身につくように働きかければいいのです。

それは、簡単な家庭での取り組みで、どの子にも身につき、大きな土台となります。将来もっと脳が使えるようになれば、そこに知識はいくらでも入力できます。**大きな土台があれば、いくらでも大きな家が建つ**のと同じです。

その土台をつくるのは、私たちでも学校でもなく、子どもの可能性を信じていつもそばにいる親御さんにほかなりません。このたった数年しかない、人間としての能力を育てる大切な時期を決して見逃さないでほしいと思います。

私たちは、右脳が優位な時期に能力開発を行い、そのお手伝いをしているのです。「3歳で神童《しんどう》、20歳過ぎればただの人」と言われない才能づくりを指導しています。

毎日浴びるように大量にインプットさせる

教室ではどのような取り組みをしているのか、一部ですが、お伝えします。

たとえば、「フラッシュカード」。レッスンでは４００枚以上のフラッシュカードや歌のカードを、読み上げながら、高速でフラッシュして子どもたちに見せます。

動物のカードであれば、カードに描かれている動物の名前を読み上げながら、カードを次々にめくり大量に見せるのです。それは１枚１秒にも満たない速さです。

「そんなに速いと理解できない！」そう思うのは私たち大人が左脳を優位に使っているから。右脳優位の子どもたちはものすごい集中力で見つめています。右脳は大量で高速であると働きだす脳です。

脳に多くの情報を入れることで、すぐれた脳の回路ができます。このフラッシュカードで子どもたちの頭の中に語彙《ごい》が大量に吸収され満ちれば、発語につながりますし、記憶力の土台もつくられていきます。

赤ちゃんの言語習得能力には、目を見張るものがあります。私たち大人は、子どもが生まれ落ちた瞬間から毎日毎日子どもに話しかけ、たくさんの言葉を聞かせています。赤ちゃんが理解できるとかむずかしい言葉だとかは、気にしていません。

そのあまたの言葉が赤ちゃんの脳に吸収され、言葉を理解する回路をつくっているのです。**脳は情報がたくさんあればあるほど、よい回路をつくります。**1歳にも満たないうちに、赤ちゃんは親の言う言葉を理解し、言葉を話そうと喃語《なんご》（まだ言葉にならない声）も発します。

大切なのは、意味がわからないうちから大量の言葉を与えてあげること。その回路をつくるために大量の言葉を入力することがポイントです。フラッシュカードは、知識を覚えさせる目的で見せているわけではないのです。

毎日の継続が自信につながる

また、小学生の教室では、脳を活性化させるために、「音読」と「百マス計算」をしています。「音読」は、テキストに書かれている文字を目で追い、声を発して文字を読み、そして、それを耳で聞き、同時に脳のいろんな機能を使います。また、むずかしい計算問題を解くよりも、簡単で単純な計算を早くこなす「百マス計算」も脳を

高速で、単語や絵が描かれたカードを読み上げ、大量の語彙をインプットさせるフラッシュカードは、脳の回路をつくるために大切です。小さい子どもたちは、静かに椅子に座り、集中して先生の言葉を聞きます。

活性化させるのにとてもよいそうです。

しかし、週に1回の教室のときだけ**「音読」**と**「百マス計算」**をするのでは、脳の活性化は維持されませんし、脳の回路は増えないと私は思っています。そこで大切なのが、「毎日の継続」です。子どもたち、親御さんには、毎日取り組んでもらうようにしています。

「毎日の継続」は、脳の活性化に加えて、子どもたちに「ぼくは、途中で投げ出すことなく、最後まであきらめずにつづけることができるんだ」という自信をつけさせることにつながると思っています。

将来、大人になってから、いや、中学や高校でも、何かの壁に当たったり、あきらめたくなったりするタイミングが来るかもしれません。そんなときに、**自分自身に負けない「全うする強い心」**が必ず必要になります。この教室では、小さいときからそれを身につけるためのトレーニングをしています。

親御さんや講師と相談しながら、子ども自身が今年の目標を考えて紙に書きます。具体的に書き出すことが目標達成の近道です。

個々の取り組みの目標を達成したら、シールを貼ります。シールを貼る子どもの表情は、生き生きしています。自分で自分を管理できる人に育っていきます。（小学生クラスの様子）

第六感を鍛えて、運や成功を引き寄せる

視覚、聴覚、嗅覚、味覚、触覚をまとめて五感と言いますが、この五感では感知できないものをキャッチするのが第六感です。

この第六感は右脳と密接に関係していて、生まれたときには、じつは誰もがもっているといわれています。しかし、成長して左脳が優位になるにつれ、その能力が失われていきます。ただし、脳回路をつくり、それを残しておけた人は「勘がいい」とか「運がいい」という感覚的に鋭い感性をもっています。

この能力を引き出すトレーニングもレッスンで行います。家庭でもできるいちばん簡単な方法は、片手に物を入れ両手のこぶしを見せて、「どっちの手に入っている?」と当てる遊びです。誰でも小さいころやったことがあるのではないでしょうか。確率で考えるのではありません。トレーニングによって、理屈抜きでこっちのよ

うな気がするという感覚が育ちます。

運のいい方、成功している方は、たくさんの選択肢のなかから選んで今を築いていています。もちろんご本人の努力あってのことですが、間違いなく右脳の感覚がすぐれた方たちだと私は思っています。ですから、選択の感覚を磨くことは、生きていくうえで大切です。

以前、右脳の能力を競うイベントが全国４００以上の教室の生徒を対象に行われていました。私の教室では、週1回のレッスン以外に、週に1、2回、参加する子どもたちを集めて、こうしたトレーニングをしました。

お母さん方にも、必ず毎日ご家庭でも練習してくださいとお願いしました。

毎日欠かさずトレーニングをして、その回路をつくる練習をひたすら積み重ねた結果、10年間で2回、私の生徒さんが全国優勝しました。

右脳が優位に働いている子どものころに、毎日、右脳を刺激しておくと、大人になって左脳が優位に働くようになっても、右脳は衰えません。子どものころにしっかりと右脳が働くように脳の回路をつくっておけば、いつでも使うことができます。

最近は、将棋の藤井聡太三冠（２０２１年10月時点）が話題ですが、藤井三冠も子どものころから何度も何度も詰め将棋をしていたと聞いたことがあります。きっと、毎日毎日将棋をしてきたことで右脳の潜在能力も使えるようになり、何千何万もの手を一瞬にして計算し尽くす、まさに左脳の代表のようなコンピュータを打ち負かすほどの能力になっているのでしょう。

この右脳への働きかけは、左脳が優位になる前に十分にしておくべきです。ですから私の教室では、０歳児さんからレッスンを受けているのです。

さきほど、子どもたちには高速で情報を入力すると書きましたが、その「高速」は、左脳が感じる速度です。大人が覚えようと思って見ているから「速すぎるのでは」と感じるのです。でも、右脳が優位に働いている子どもが見れば、それは心地よいスピードです。

右脳開発には「高速で大量に」が大切なことです。

「うんてい」で脳と運動能力を高める

私が教えている教室にも、私の自宅の天井にも「うんてい」を取り付けています。学校の校庭にあるような、あのうんていです。自宅のリビングにうんていとは、かなり珍しいかもしれません。わざわざ設置したのには理由があります。

30年近く前になりますが、たくさんの育児本のなかで、「運動が脳を刺激する。なかでも、うんていがよい」と書かれた、アメリカの研究者グレン・ドーマン氏の本を読んだからです。

しかし、そう簡単にうんていを手に入れることはできません。手はじめに室内用の市販の鉄棒を買いました。のちに教室を開校してからは、教室にうんていを付けました。事故が起きないように、生徒さんがうんていを使う場合は、必ず親御さんやスタッフがいるときに限って使用しています。

「握る」ことから子どもの運動能力が育つというのは、今では私の持論です。

とくに末っ子の璃花子の場合は、うんていを使わせる前、生まれたときから、おむつを替えるたびに両手で私の親指を握らせていました。やり方はとてもシンプルです。おむつを交換し体を起こすときに、私の指をつかませてまず座らせ、その次に引き上げて立たせ、最後に指をつかませたままつり上げることをしてきました。そうして握る力を育ててきました。

おむつ替えのたびですから、1日10回はやっていたでしょう。回数が大事です。回数を重ねれば、赤ちゃんはみなできるようになります。

お膳立ては、しすぎないようにする

今でも10月は、教室の全生徒さんがうんていにぶら下がってタイムを競う「鉄棒ぶら下がり大会」を行っています。璃花子は小学生のころ、10分ほどぶら下がっていま

握ることで、脳にたくさんの刺激がいって、脳の発達にいい影響を与えるといわれています。私は娘のおむつ替えのたびに親指を握らせ、つり上げていました。赤ちゃんは本能的に握る力があるので、こんなこともできるようになります。ちなみにこのころの娘は、アレルギーでほっぺたが真っ赤になっています。

した。もっとがんばる子がいて、優勝したことはありませんでしたが。

大会以外のときでも、レッスンの前後に子どもたちは教室のうんていにぶら下がって遊んでいます。少し大きくなれば、前に進めるようになり、成長を感じます。

まだ小さい子は、うんていのときもありますが、小さな鉄棒にぶら下がることもします。最初は、子ども1人で飛びつくことができませんから、大人のサポートが必要です。

そのとき大切なのは、親が子どもを抱っこして、鉄棒やうんていの棒にぶら下げてあげない、ということです。これでは、子どもの努力はゼロですよね。

子どもとどの棒につかまるか目標を決めて、子どもが棒に向かってジャンプする気持ち、「飛びつこう!」という気持ちを育てながら、親はアシストするだけです。具体的には、子どもの脇を抱えて、子どもがジャンプをしたら、棒のところまで引き上げるイメージです。そして**「できるよ」「上手だね」「いいよ」などの声がけも忘れてはなりません**。

親が全部お膳立てするのではなく、うまく子どものやる気を引き出して、親はその

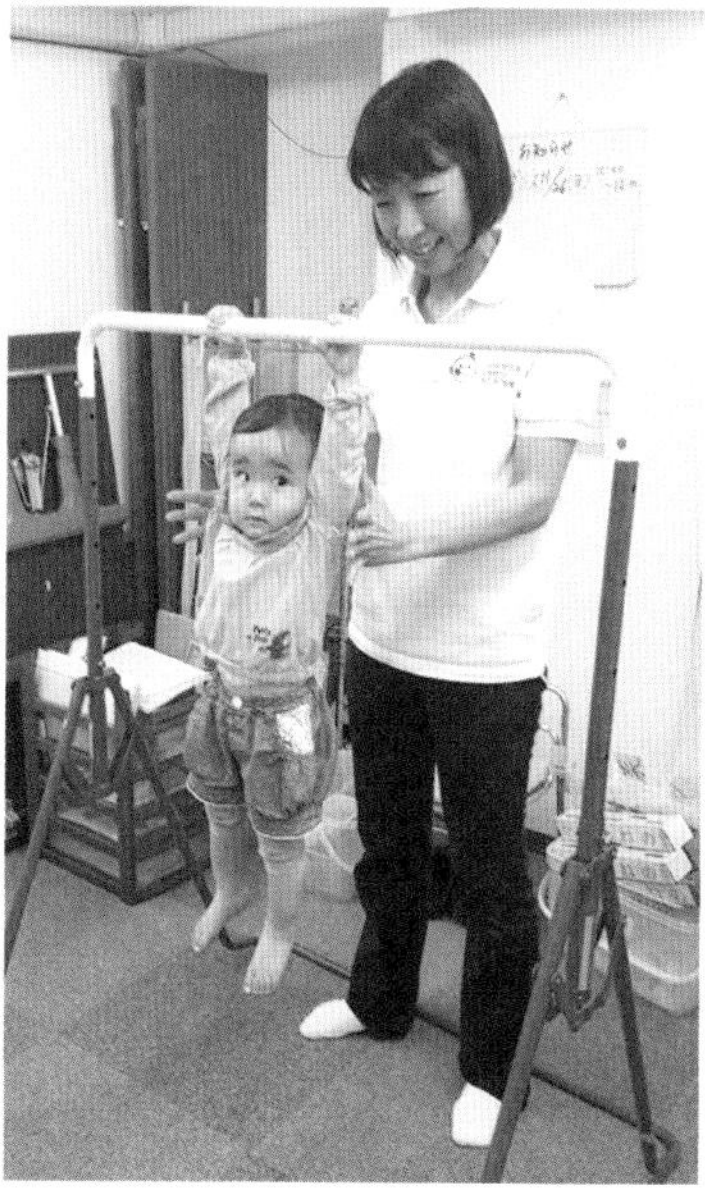

教室開校時に設置したうんてい。鉄棒ぶら下がり大会の様子です。うんていで遊ぶとき、ほかの子がやっていたら、順番を静かに待っています。

小さい子がするときは、必ず親御さんやスタッフがそばでサポート。１人でぶら下がれるようになったら、子どもの脇から少し手を離して見守ります。

サポートをすることが大切なのです。小さな子どもも徐々に1人でできるようになります。

ぶら下がることで、自分の重さがウエイトとなって、文字どおりウエイトトレーニングになりますし、前に進むことで肩を回すので、肩甲骨《けんこうこつ》の柔軟性や前腕の力がつきます。

璃花子の身長は171cm、手の長さは186cmあり、身長に比べて手の長さが108％あります。オリンピックで金メダルを23個とったアメリカの競泳選手、マイケル・フェルプスさんも手が長いといわれていますが、身長に比べて手の長さは105％くらいだそうです。璃花子の手が長いのも、うんていのおかげだねとトレーナーさんに言われています。

自宅ではテレビを見るときも、うんていにぶら下がる

わが家の子どもたちの成長も水泳の成績も、この**「うんてい」**なくして考えられません。

自宅には、璃花子が小学5年生のときに、高さ2m40cmあるリビングに設置しました。当時は、私もうんていに飛びついて、娘や、工事してくれた職人さんと速く進む競争をしたこともありました。結果は、璃花子が1位、私が2位、職人さんが3位。日ごろ、体を鍛えている方でも意外とできないようで、なかなか前に進めない姿を見て、みんなで大笑いしたものです。

うんていを設置したてのころは、璃花子は、とにかく毎日ぶら下がっていました。テレビを見るときもぶら下がっていましたし、キッチンとリビングを往復するときもぶら下がりながら移動していました。

上手に使いこなす娘の姿を見て私は、「こんなことをしてみたら?」などといろいろ提案しました。一度も床に下りずに50往復したり、両手でうんていをつかんで、そのまま両手で次のうんていに飛びつくということをやったりする娘を、下から見守る私は**「がんばれ!」「もう少し!」「すごい!」などと声がけ**をして、応援をしていました。

私の中で、うんていは子どもの成長と切り離せないものなのです。

私はすっかり忘れていましたが、かつてこんなことがありました。子どもではとても登れないようなアスレチックの遊具に、璃花子が軽々と登っていたというのです。もちろん危険なことはさせたりしませんが、璃花子の身体能力なら大丈夫だろうと思ったのでしょう。

そのときに一緒にいた友人は、その璃花子の姿と「できるよ」と声をかける私の姿が目に焼きついているそうです。「そうした子育てが、今につながっているのでは」という友人の指摘は、たしかにそのとおりだなと思います。

眠っている「潜在意識」を引き出す

引き出しの中に入っていて、いつか出番を待っているもの。それは、潜在意識と言

自宅にあるうんてい。子どもたちは、テレビを見るときも、移動するときも、使っていました。楽しみながら、競争したり、自己流のやり方をしたりしていたので、遊びがトレーニングになっていたようです。

い換えることができます。

潜在意識とは、無意識のうちに溜め込まれたものであり、顕在意識とは、意識して使うものですが、私たちがはっきりと意識している顕在意識とは、ほんの1割なのだそうです。

理屈で左脳にどれだけ一生懸命覚えさせても、それは脳のほんの10％しか使っていない能力です。残りの90％は潜在意識。覚えたことすら覚えていないものが、大半を占めているのです。言ってみれば、氷山の一角が顕在意識。その下には、大量の潜在意識が隠れています。

だからこそ、私たちは、右脳優位の幼いうちに、さまざまなものによって、その潜在意識という引き出しを使おうとしているのです。

五十音も花の名前も故事成語も英単語も、国旗も名画も歴史上の人物も、考え得るありとあらゆるものが右脳開発のツールです。私たちは知識を入力しようとしているのではなく、それらを使って潜在能力を開発しようとしているのです。

子どもが幼ければ幼いほど、それはとても簡単なことです。小さい子どもたちは、何でも生活のなかに、遊びのなかに、とけこませることができるのです。

小さいときに受けた刺激は覚えていて、「引き出しの中」に入っている

右脳の脳回路を形成しておくと、成長してからもその回路を使うことができます。回路を使わなくなるとその存在を忘れてしまったような気持ちになりますが、実際には脳は忘れていません。脳には記憶されていて、記憶したことを忘れてしまっているだけです。

脳が忘れないようにするためには、幼児のうちに定着させておく作業が必要です。そのために大切なことが３つあります。**１つは、常に脳を使うようにすること。**これは、ここまでお伝えしてきた教室での取り組みなどです。**２つめは、発表すること。**そして、**３つめは、イメージトレーニング**です。

この「発表」と「イメージトレーニング」は、本番で、いつもどおりに、あるい

は、いつも以上に力を発揮することのできる「本番力」を身につけることにもつながります。具体的な方法を次の項でお伝えします。

「本番力」の強い子に育てる

わが子の子育てでも、教室でも、「本番力」を育てることは大きな柱の1つとなっています。

教室のレッスンでは必ず、子どもたち一人ひとりに発表をする時間を設けています。0歳のときから全員の前で、みんなに注目されて、発表をするのです。

その内容は、お子さんによって異なります。たとえば、文集の暗唱だったり、歌を歌ったり、おうちで練習をしていることを発表してもらいます。0歳のお子さんなどは、名前を呼ばれて「はい!」と元気よくお返事できたら、それも立派な発表です。

こうした発表の場があることは、子どもたちの能力開発に大きくつながります。

発表があるから練習しよう、発表があるからがんばろうと、発表することが目標になるのです。

また、**物心つかないうちから人前で発表することが、多くの人の前で何かをすることが、「プレッシャー」から「ほめられてうれしい」という体験**になります。

璃花子もそうです。幼いころから発表の場をもたせてきたので、練習より大会、小さな大会よりも大きな大会が大好きで、そこで実力を爆発させています。

火事場の馬鹿力という言葉がありますが、親も驚くほど、ふだんはなりを潜めている馬鹿力を、スイッチ1つで発揮するのです。

本番でこの火事場の馬鹿力を発揮するには、本番慣れしておくことも大切ですが、本番で、力を発揮する方法を体得しておくことも大切です。おうちで練習したことを教室で発表するというのは、じつは、潜在意識にため込んだ馬鹿力を発揮する、その体験をすることでもあるのです。

これは、火事場の馬鹿力を発揮するための、スイッチをつくる作業、その押し方を身につける作業と言い換えてもいいと思います。そうやってスイッチをつくっておけば、あとは本番でそれを押すだけ。

それが身についていれば、このスイッチは、ここぞというときに本人の意志で働きます。ふだんはオンになっていません。なぜなら、ふだんから火事場の馬鹿力を出していたら、ケガをしてしまうからです。語源のとおり、火事という緊急事態だからこそ、この体格、筋肉ではもてないような重いものをもてるわけで、平常時からもとうとしたら、体を壊してしまいます。

体は自分の体を守るために、リミッターがついていて、ふだんは火事場の馬鹿力が出ないようになっています。しかし、自分がコントロールできるスイッチをもって、**いざというときにスイッチを押して火事場の馬鹿力が出せるようになっていれば、「本番力」が強い人になれる**、ということです。

璃花子の場合は、トレーニングや、大会に合わせて体力や気力をピークに合わせるピーキングなども影響しているのだと思います。きっと、大きな大会が楽しみで、好きで好きでたまらないという気持ちや、絶対にここでいい記録を出してやるという思いが、いつの間にかスイッチを押して、本番力を高めているのだと思います。

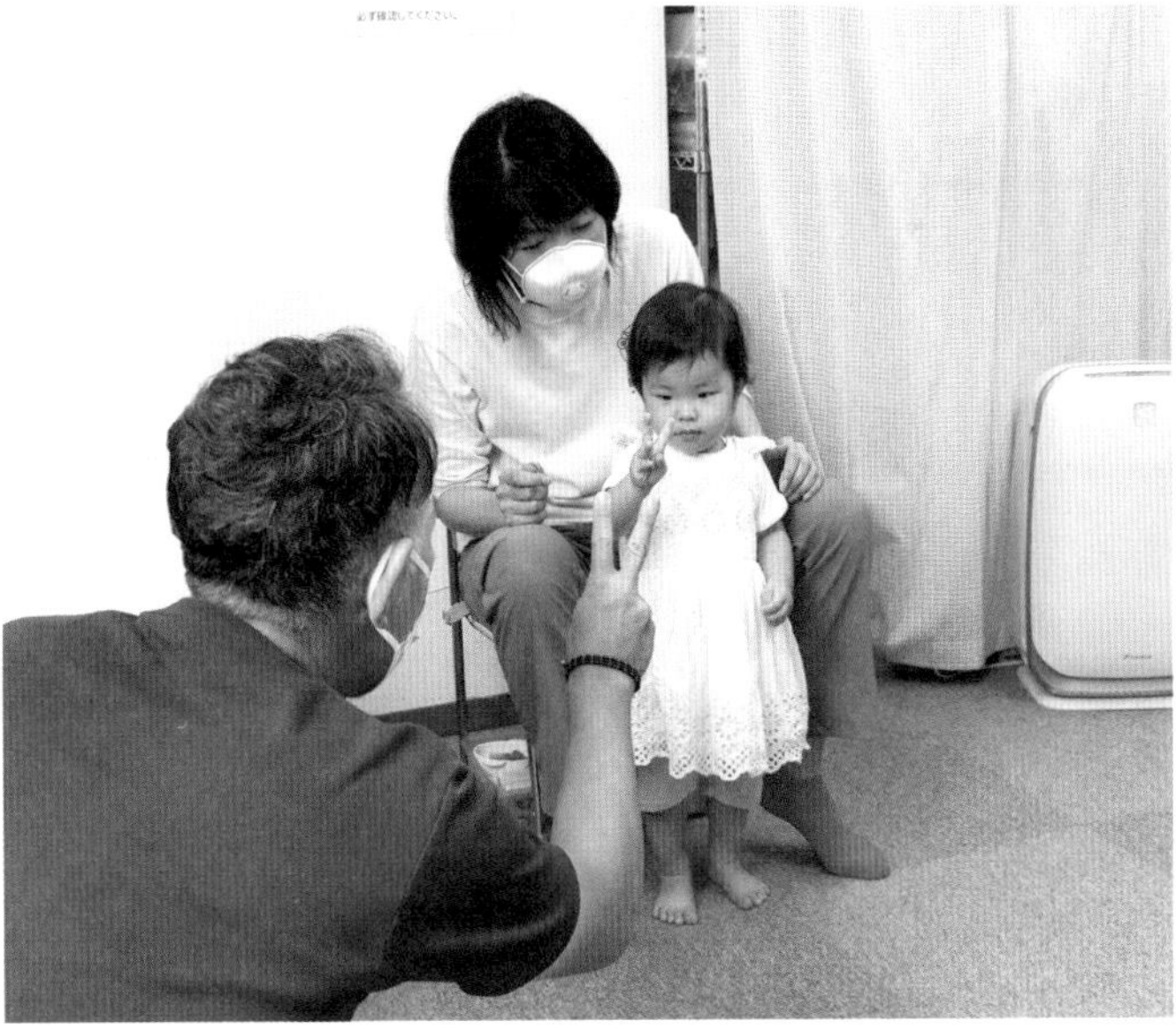

この日の１歳の生徒さんの発表は「ピースを上手にする」こと。お父さんが見守るなか、堂々と発表をしました。発表後はみんなで拍手。生徒さんも親御さんもとってもうれしそう。この積み重ねで「本番力」が身についていきます。

「イメージトレーニング」はリアルにやる

本番力を養うのに欠かせないのは、「イメージトレーニング」です。イメージしたことは現実化するといわれていますから、多くのスポーツ選手などはやっていることです。もちろん、教室でも行っています。

わが家では子どもが小さいころ、水泳の大会の前夜は、布団の中で大会のイメージトレーニングをしていました。

まず、大会前日の晩、子どもはすでに布団の中です。部屋の電気を消して、こう言います。

「明日大会があるから、今日も練習してみようね。目を閉じて、イメージしながら聞いてね。

今、璃花子はみんなと一緒に並んでるよ。コーチに呼ばれて、上手に待っていようねって言われたよ。周りにお友達もたくさんいるね。すごく楽しいところだから、これから自分が上手に泳げるよ。

どんどん順番が回ってきたよ。みんな、がんばっているね。あなたも最後まで上手に泳ぐことができるよ。

自分の名前が呼ばれたら、大きな声で返事をして、しっかりスタート台の上に立って、スタートの音で水に飛び込んだよ。

いつもどおり上手に、練習したとおりに泳げてるよ。がんばって足もキックできて、手もかけて、呼吸も上手にできてるよ。ターンも上手にできたね。

絶対、璃花子は、ちゃんと最後まで泳げるから！　しっかりがんばって壁にタッチできるところまで一生懸命泳ごうね。

ターッチ。今までにいーっちばん速いタイムで泳げて、表彰台の上に立って、金メダルをもらったよ！　璃花子すごい！」

こうした誘導をていねいにしてあげて、大会に出していました。ここまで細かく言うのかと思われるかもしれませんが、なんといっても**「リアリティ」が大事**です。

なぜイメージトレーニングをするのかといったら、これから子どもたちがいろいろなことに出会ったときに、頭の中でイメージをしておくと、脳は本番でもそのように体を動かします。**実際の場で緊張しないで、自分のパフォーマンスを発揮できるようになる**のです。すべて本番に生きてきます。

たとえば、水泳であれば、ものすごい距離を泳いで猛練習します。にもかかわらず、大会になると練習のほうがタイムがよくて、本番ではタイムを落としてしまう人がいます。

璃花子が練習以上のタイムを大会で出せるのは、自分の強い意志とイメージトレーニングのおかげだと思っています。その後のインタビューで、本人の口からイメージトレーニングについて語っているのを聞いて、本番力を養うのにとても大事なことだったと確信しました。

テニスプレーヤーの松岡修造さんにも、「トップの大人の選手なら誰でもやっていますが、璃花子さんは幼少のころからやっているんですね」と驚かれました。

社会人の方も仕事においてそうだと思いますが、何度もイメージトレーニングを実践して、自分のものにする作業はとても大切です。

本番前の楽しい気持ちが大切

私の教室運営は3人の子育ての最中だったこともあり、3人を連れて自分主催の合宿を行ったり、かるた大会をしたり、夏は生徒さんを連れて海に行ったり、冬はお餅つき大会をしたり、レクリエーションも積極的に取り入れていました。

璃花子は小学3年生から6年生までの4年間、百人一首のかるた大会で優勝しました。そのときは私が相手になり、家で練習したのですが、みるみる瞬発力をつけていって、一緒に手を出した私の爪が剥がれてしまったことさえありました。

先ほどお話しした右脳の能力を競うイベントは、教室ごと・子どもごとの成績を争う競技会という側面もありましたが、私にとっては、みんなで楽しく参加する大きなお祭りでもありました。

大会を競技会だと思うと「自分以外はみんなライバル、誰よりもいい成績をとりたい」と思ってしまう子もいるかもしれませんが、お祭りだと思えば「みんなと楽しく過ごしたい」と思うはずです。ですから、大会当日も、競技が始まるまではみんなで遊ぶようにしていました。

しかし、仲良く遊ぶときは遊ぶ、練習や大会には真剣に取り組む、というメリハリを大切にしていました。

アルファ波、ベータ波という言葉を聞いたことのある方も多いと思います。アルファ波はリラックスしているときに出る脳波、ベータ波は緊張しているときに出る脳波です。

リラックスして遊んでいると、アルファ波が多く出ます。この状態は、右脳を使った競技のためのウォーミングアップが完璧に済んだ状態です。

裏を返せば、時間ギリギリに、早くしなさい、とか叱られながら会場入りするような子は、ふだんの力の半分も発揮できません。アルファ波が出ていなくて、ベータ波が出てしまっているからです。

本番で最大の力を発揮できるスイッチは誰にでもあります。日ごろからトレーニングを重ねることで身につきます。かるたを使ってもできるのです。

教室で長年使っている「奥野かるた店」のかるた。なかでも、この「ことわざ漢字カルタ丸」は、楽しみながら、ことわざも漢字も同時に覚えられます。

私たちも、時間に余裕をもって出かけたときと、遅れそうになって焦ってたどり着いたときとでは、そこでのパフォーマンスが違います。また、楽しいときはそれだけで何でもはかどりますし、嫌々何かをやっているときは、いつまでたっても終わりません。

それは子どもも同じです。そして、ふだんの教室でも同じ。「覚えさせられている」「やらされている」と感じてしまったら、子どもは覚えなくなります。「楽しい」「これをやりたい」と感じるから、潜在能力の引き出しが開き、するするとそこへ学んだものが収まっていくのです。だから、勉強は楽しく。本番はもっと楽しく。本番を楽しめること、それが、本番でいい成績を得るコツです。

次の章では、家庭や教室での「心がけ」「考え方」を中心にお伝えします。

第4章

「あきらめずに努力しつづける」人になる

子どもの「好き」がわからないとき、どう探すか？

私はかねてから「育てたように子は育つ」と思っています。

どの子も、生まれたときの能力は同じです。どう育てられるかで、人に尊敬される人間になるか、誰にも相手にされない人間になるか決まってしまうのです。

親が優秀であるから子どもが優秀に育つわけではありません。子どもにたくさんの愛情を注ぎ、言葉をかけ、豊かな環境を与え、たくさんの刺激を与えれば、どの親の子も優秀になれる可能性があるのです。

カエルの子はカエル、ではありません。トンビであってもタカの子育てをしたら、子どもはタカになります。

もちろん、どの子ももって生まれた個性はあります。勉強が好き、運動が好き、絵を描くのが好き、歌を歌うのが好き……。親はわが子の好きや得意を見いだし、どんどん伸ばしてあげれば、子どもは自分の好きなことで能力を発揮し、その道で活躍していけるのです。

好きなことがわからない場合は、親自身が好きだったこと、得意だったことをやらせてみるといいでしょう。親も楽しい環境をつくりやすいですし、意外とうまくいくものです。

そのときにしてはいけないことは、よその子と比較して、あの子はあれができる、この子はこれができる、と比べて、わが子が何でも及第点がとれるようにガミガミ言うことです。これでは、個性をつぶしてしまい、本当にもったいないことです。ほかの子と比較するのではなく、子どもが自分のもっている能力や個性をのびのび発揮できるように育てることを、子育ての目標にしていただきたいと思います。

子どものころの自分が不幸せであっても、若いころの自分に何の取りえがなくても、子どもが自分と同じように育つのだと決めつける必要はありません。そうだったからこそ、子どもに自分には無限の可能性があると大きな夢をもたせ、そう導く子育てをしていけばいいのです。

母親という「女優」を演じる

では、実際に子どもにどう接すればよいのでしょうか。私の教室ではお母さん方に「女優になりましょう」とお伝えしています。**女優になって母親を演じる**のです。

子どもは人との接し方や生きていくために必要なこと、社会との関わりを、親の言葉や行動から学びます。たとえ親の過去がどうであれ、子どもが人間力の高い人になるために、身をもって教えていかねばなりません。

強くたくましい心、やる気や思いやり、礼儀や協調性、明るくポジティブ、やりとげる力……、まだまだ書ききれませんが、そのような人間性を子どもが身につけていくために、自らがその見本となって演じます。たとえばどんなに落ち込んでいるときでも、子どもの前では笑顔でポジティブなお母さんを演じると決めて、乗り越えていただきたいのです。

子どもは繊細で敏感で、いちばん熱心な観客です。その観客の前では女優になったつもりで、「お母さん役」に徹してほしいと思います。

私のことを言えば、子どもをもった瞬間から、自分も生まれ変わったような気がします。はじめは努めて演じてきましたが、次第に演じることが子どものためだけでなく、自分のためになっていることに気づきました。まさに子どもとともに、自分も親として人間として成長してきたのだと思います。

人が人として生きていくことを教えるには、親の心がけや努力がなによりの教材になると思っています。

親が変われば、子どもはすぐに変わる

私たちのレッスンは、週に１度、50分間。

１週間は１６８時間ですから、そのうちのたった１時間ほどを一緒に過ごすだけで

は、影響を及ぼすといっても限度があります。

しかし、幼稚園や保育園に通う前のお子さんとそのお母さんは、168時間中ほぼずっと一緒にいるはずです。長い時間、一緒にいるのですから、お母さんからの影響は絶大です。

私たちが先生としてお子さんと関わる時間よりも、お母さんが師となる時間のほうがずっと長いのです。ですから、私たちはお母さんがお子さんに関わる時間をサポートする、家庭での教育をサポートするのが役目です。

お母さんが誰よりもやさしく厳しいお母さんとして接するようになれば、お子さんはすぐに変わります。1週間、つまり168時間もあれば見違えるほど変わります。

一方、**お母さんが変わらなければ、お子さんは変わりません。**どれだけ教室では約束の守れる子でも、おうちでのさまざまなシーンで約束を守らせなければ、子どもは変わりません。

反対に、お母さんが教室で学んだことを家庭でもしっかり実践してくだされば、子どもは1週間もあれば身につけてくれるのです。

子育ては、小さな結果が毎日出る仕事

繰り返しますが、**お母さんが変われば１週間でお子さんは変わります。**

これは私自身、教室の指導をとおして何度も実感してきたことです。

思えば、子育てとは毎日毎日、小さいけれど成果が出る仕事です。

昨日はできなかったことが、今日はできるようになった。昨日は10できていたことが、今日は15できるようになった。そんないい変化を毎日、発見できます。そんな楽しみが味わえるのは、いつもお子さんのいちばん近くにいる親御さんだけです。

しかし、私の場合、実際のところは、長女と長男の育児のときには、仕事を始めたばかりでもあり、親としても未熟だったので、教室での取り組みを家庭ではきちんとできませんでした。

ただ、３人目の璃花子のときには気持ちに余裕が生まれ、また、上の２人をなんと

か育ててきたという自信も芽生えて、日々の変化を実感できましたし、私なりの工夫もできました。その工夫がどのように結果に反映されるかも、冷静に確認できていたように思います。いつしか、そうした個人的な経験を、教室のレッスンやお母さんたちへのアドバイスに反映するようになりました。

自分は大した人間でもないのに、子どもたちが正しく育っていくために、一生懸命正しい人を演じました。女優になるというのも、まるでそうだったな、とあとから気づきました。

私自身は、やさしく厳しいだけでなく、きびきびと働く姿も子どもたちに見せたいと思い、そうしてきました。もちろん、疲れているときは家でダラダラしたいと思うこともありました。

でも、家に限らず、どこであっても子どもが目の前にいるときは、そうした面を出さないようにしてきました。子どもが目標とするような人間になろうと心がけてきたのです。

子どもは大部分を親から学びます。学ばれる対象として、教える立場として、私自

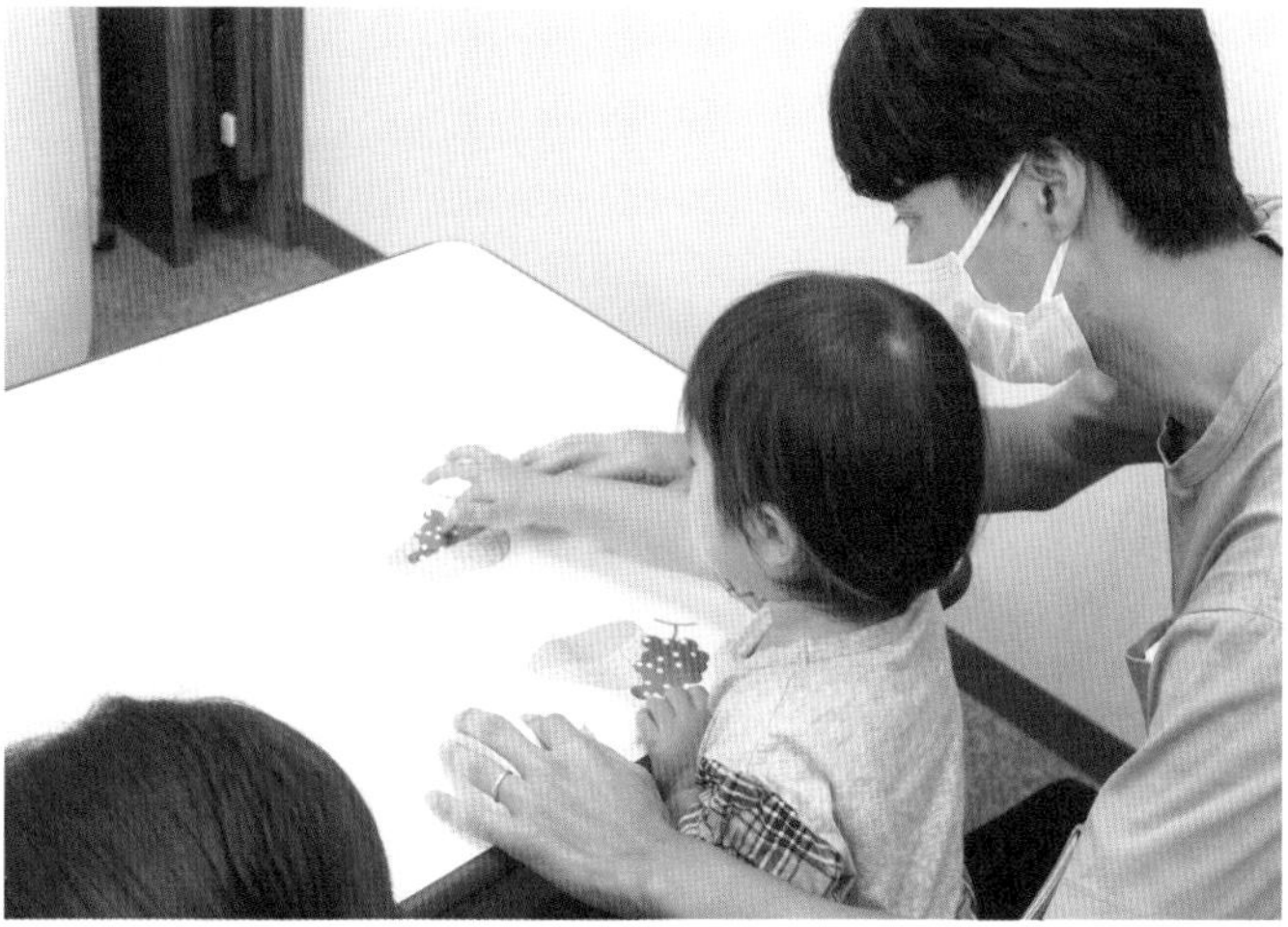

幼児のクラスでは、親御さんも一緒にレッスンを受けます。こうすることで、家庭での課題にどのように取り組めばいいか、子どもにどう話しかけて教えればいいのかを親御さん自身も学ぶことができます。

身も自分の人間力を育てていった気がします。

生活のなかに、教材はたくさんある

親御さんには教室で学んだことを、家庭でもしっかり行ってほしいとお話ししています。実際、ご家庭には教室にあるような教材はないかもしれませんが、同じような取り組みはできます。

第3章でお伝えした「フラッシュカード」のように言葉をとにかく浴びせるなら、目に入るものを次々に指さして、その名前を言って語りかければよいのです。これを始めると、お子さんにスマホで動画を見せている暇はなくなります。

教室では右脳を刺激するだけでなく、左脳のトレーニングもしますが、それもご家庭で可能です。たとえば、論理的な思考力を養うには、ふだんのひと言に、さらにひと言つけ加えるだけでいいのです。

「靴を履こうね」「傘を差そうね」だけではなく、「外に出かけるから、靴を履こうね」「雨が降ってきたから、傘を差そうね」と声をかければ、なぜそれをするのかが明確になり、そうやって考える癖がつくようになります。

ささやかなことですが、教材を探そうと思って周りを見てみると、**教材は生活のなかにあふれている**と気づくでしょう。教室でぐんぐん伸びる子どものお母さんは、みんな、生活のなかにある教材の活用が上手です。義務感で子育てをしているのではなく、教材探しや工夫を楽しみながら、子育てするのが伝わってきます。

身近なところに教材を探し、それを使った教育を毎日、楽しみながらつづけること。そうすると、子どもはグングン賢く育っていきます。

家庭は、この世でいちばん小さな社会

私が運営する教室では、親御さんとのコミュニケーションをとても大切にしていま

す。入会すると、必ず2時間、ガイダンスを受けていただきます。お子さんがどんな教育を受けるのか、私たちはどのような気概をもって指導させていただくのか、取り組みのことはもちろん、しつけのこと、食育のことまで、たくさんのことをお話しさせていただきます。

教育の場というと、まずは学校や塾、幼児教室のような場をイメージする方が多いかもしれませんが、私は、最大で最高の教育の場は、家庭だと思っています。

なぜなら、家庭はこの世でいちばん小さな社会だからです。

社会は、たくさんの人で成り立っています。

たくさんの人が、ほかの人の役に立つようなさまざまな仕事をして、社会を支えています。一人ひとりが支える力は小さなものかもしれませんが、その力が集まることで、安定した社会が保たれ、私たちはその社会に守られて暮らしています。

家庭も同じです。家庭には家族がいて、その家族一人ひとりが、ほかの家族を支えるから家庭が成り立ち、その家庭があるから、家族は安心してそこで暮らせます。

支えているのは、親ばかりではありません。

小学生クラスは学年ごとにわけず、いろんな学年の生徒さんが同時にレッスンを受けます。年上の学年の子にはプリントの配布やお手伝いをお願いすることで責任感が育まれ、下の学年の子には感謝の気持ちが育まれます。

もちろん、０歳の子どもに何か役割を果たせと言ってもそれは無理でしょう。でも、言葉を理解し体の動きをコントロールできるようになった子どもには、家の中で任せられる仕事がたくさんあります。それをやらせることは「お手伝いの押しつけ」ではありません。「家庭という社会へ参加させること」です。

お手伝いを通じて、家庭で貢献することが当たり前になっていれば、家庭の外にある社会に出たときにも、自分には何ができるかを考えるようになります。周りへの気配りも自然とできます。

こうした子どもを育てることが、家庭の役割ではないでしょうか。

繰り返しになりますが、やはり、家庭こそが最大で最高の教育の場なのです。

璃花子が小中学生だったころ、個人面談のとき学校の先生に「自分が教壇に立っているとき何か足りないとか、誰か手伝ってもらえないかと思っていると、サッとかけつけて手伝ってくれるんですよ」と言われたことが何度かありました。

トップアスリートになってからも、璃花子は合宿で朝ごはんをつくって配膳してくれる方に、毎朝「手伝えることはありませんか」と聞いていたようです。自慢話のようで気が引けるのですが、このようなエピソードは３人の子どもにはいくらでもありました。

「外に出たら大変だから、家では何でもやってあげる」という考え方を私はしません。家庭で身につけたからこそ、当たり前に外でできるようになると思っています。

家庭の中での「敬意」が大切

きょうだいを、友だちのように育てる。下の子が上の子の名を呼び捨てにし、親も上の子と下の子を同等の立場のように扱う、ということを私はしませんでした。わが家は親は1番、次に長女、長男、璃花子です。

私は、**家庭の中にも「敬意」が必要だ**と思っています。

近ごろは、少子化の影響なのか、家でいちばん偉いのは子ども、子どもこそが家というヒエラルキーのトップにいるという家庭もあるようですが、本来は真逆です。

家庭の中では、親がいちばん上にいなくてはなりません。決して、子どもが1番でも、子どもと同じでもいけないのです。

家の中には序列が必要です。主導権を握るべきは、親です。

なぜなら、家庭は社会だからです。どんな社会にもリーダーがいます。リーダーの決め方はその社会によって異なりますが、家庭という社会では、人生経験が豊富で、子どもを導く立場にある親こそがリーダーです。そして、子どもが複数いる場合には、その子たちの間でも序列が必要です。その順番は、年の順です。

「赤ちゃん返り」というものがあります。今まで親の愛情を独り占めしていたのに、下の子が生まれるとその愛情を取り戻そうと赤ちゃんのように何もしなくなってしまうことです。

私の家では、いつでも上の子を中心にしていたので、赤ちゃんは多少泣いても二の次でした。すると子どものほうから「赤ちゃん泣いてるから行ってあげて」となるのです。せっかく上の子と過ごしている時間なのに、下の子が泣き出すと飛んで行ってしまうのでは、上の子がさびしくなるのは当然です。

ですから、うちの子はみな赤ちゃん返りをしませんでした。そして、今でも「お姉ちゃん」「お兄ちゃん」と呼び合い、長女は弟や妹をかわいがっています。

おかげで3番目の璃花子は、姉と兄を超えて、自分にスポットライトが当たるように、生まれたときから努力してきたと思います。でも、もちろん、親は家族の中でいちばん上。子どもが小さいころ、私がテレビを見ようとすると、子どもたちは必ずリモコンを「どうぞ」と私に渡してくれました。

目上の人を「敬う」気持ちは、家庭の中で自然に育まれていくものだと思います。

「敬う」気持ちが「人望」を育てる

家庭でしっかりと「敬う」気持ちが身につけば、**家庭の外でも、誰かを「敬う」ということができるようになります。**

お子さんが誰かを敬う姿を見ている人は必ずいます。一朝一夕では身につかない敬う気持ちの積み重ねがあるからこそ、お子さん自身の「人望を集める」ということにつながると思っています。

子どもたちも、私たちも、これからもたくさんの困難があるかもしれません。自分1人では乗り越えられない壁かもしれません。そんなときは、共感してくれる人、支えてくれる人、応援してくれる人が必要です。

ご自身の胸に手を当てて尋ねてみてください。「私は、『この人の力になりたい』『この人を助けたい』『この人を応援したい』と思ってもらえる人だろうか」と。お子さん自身に人望があれば、応援してくれる人が現れると思います。

お子さん自身が変われば、周りの人たちも変わります。

家庭で「敬」を育てましょう。

やさしいだけのお母さん、ではいけない

子どもとの生活では、「叱る」ことがたくさん起こります。

なかには、子どもを叱らないで、本人の自主性に任せて育てたいと、子どもを叱ったり、厳しくしつけたりしないと考える方もおいでです。

しかし、そういう子育ては、必ず大変な子育てになります。

得られるものは、その瞬間の子どもの笑顔くらいではないでしょうか。

前にもお伝えしましたが、**今の子どもの笑顔より、将来の子どもの笑顔を優先してほしい**と思います。子どもは生まれたときは、まっさらで何にも染まっていない状態です。だからこそ、何でも吸収できるし、一方で、何にでも染まってしまいます。

人間は3歳までの間に人間として生きていく脳の回路の基礎ができる、といわれています。誕生に近ければ近いほど、質の良い回路はつくりやすい反面、良いこと悪いこと関係なしに脳は吸収してしまうそうです。

ですから、物心ついてからしつけをしよう、道理を教えよう、では遅いのです。生まれてすぐの脳の状態から善も悪も、するべきことも、してはいけないことも、毎日教えることが大切です。

「人は人として育てなければ人にはならない」と私は思っています。

入会する生徒さんのなかには、そういう視点で見れば、まだ人になっていないお子さんもいます。本人のしたいこと優先で、興味のあることしかせず、フラフラ動きまわり、周りに注意を向けることができません。家庭で我慢ということをまったく教えられていないので、気に入らないことがあると泣きわめき、お母さんはオロオロするばかりです。

そういうお子さんのお母さんは、「うちの子はそういう性質で生まれてきた」と思い込んでいる方がほとんどです。私たちは、そうではないことをお母さんにていねいにお伝えし、「教えられてこなかっただけのことで、これからは大丈夫ですよ」と、今後の接し方をご指導します。

お母さんがしっかり取り組んでくだされば、1歳前後ならお子さんは1、2週間で変わります。ですので、教室では、お母さんが子どもを人にするための教育を、生まれたときからできるようにお手伝いをしています。正直に申し上げると、3歳を過ぎるとかなり時間がかかるというのが実感です。大きくなればなるほど、子育ては大変になりますが、あきらめずに継続して指導すれば、変わります。

やさしいだけのお母さんのままでは、なかなかむずかしい。子どもの将来のために、かわいいからこそ、ときに厳しく接することを心に刻みましょう。

「行為」と「人格」をわけて叱る

子どもが赤ちゃんのころは、「かわいいね」「おりこうさんだね」と声をかけていたのに、子どもにできることが増えれば増えるほど、やってほしくないことばかりが目について、「だめ」「やめて」「何度言ったらわかるの」などと叱ることが多くなります。

なかには、子どもを叱ることに不安をもつ方もいらっしゃるでしょう。子どもが愛されていないと感じてしまうのではないか、自信をなくしてしまうのではないかと。

でも、よい方法があります。

それは、いけないことはしっかり叱って教える。そのあとすぐに、「やったことは悪いけど、あなたのことは大好きよ」と言って、強く抱きしめる、という方法です。

大切なのは、**「子どものやったこと」と「人格」をわける叱り方をする**ことです。叱ることで、その人格までも否定してはいけません。あなた自身は、親にとってかけがえのない人間であること、あなたの能力は無限大で素晴らしい人間であることを、スキンシップをしながら子どもに伝えてほしいのです。

「ぼく悪いことしちゃったけど、決して悪い子じゃない。ちゃんと直せばいいんだ。だっていつもお母さんはぼくの味方で愛してくれる。ぼくには素晴らしい能力があるから大丈夫！」と子ども自身が思うようなフォローをすればいいのです。

ただし、叱るときは思いきり強く叱りましょう。ときには、稲妻が落ちたと子どもが震えあがるほどの迫力が必要です。そして、**時間は短く、1分以内**。必要な場面にさしかかったら心を鬼にして、子どもにとって世界一怖い存在となって叱ります。子どもは、その強弱で本当にしてはいけないことを学びます。「だめよ〜」などといつも同じ調子で叱っていても、子どもは聞く耳をもたなくなるだけです。

子どもにとって「誰よりもやさしく、誰よりも怖いお母さん」であることが、叱り方のコツなのです。

その場で叱らなければ意味がない

息子がまだ子どものときの話です。

担任の先生とうまくいかないことがありました。

クラス全体が先生をよく思っていないようで、いわば学級崩壊していたのだと思います。息子は先生に何かを言ったり、授業妨害したりするようなことはしていなかったのですが、そうした友だちのヤジなどに、持ち前の笑い上戸でウケていたようなのです。先生がその場で子どもたちを叱ったり注意したりしないことが、よけいに子どもを増長させていたのでしょう。

そんななか、先生、子ども、親との３者面談がありました。先生は息子のよくない点を話しはじめました。最初は私も思い当たる節もたくさんあるので、真摯《しんし》に聞いていました。しかし、本人を前に長々と息子の悪い行いを聞いていた私は、とうとう反論してしまいました。

「たしかに、うちの息子に悪いところはありました。しかし、なぜその場で叱ってくれないのですか？　その日のうちに親に報告や相談してくれなかったのですか？　本人の前で、過去の悪いことを延々とおっしゃることは言いつけのように感じます」

ときっぱり言いました。親に言いつけて子どもに反省させようと思われているのでしょうが、かえって子どもの反抗心を煽《あお》ってしまう対応に不安を覚えました。

大人は自分の都合で叱ったり、叱らなかったりしてしまいがちです。家の外だからとか、人と一緒だからとか、その場の親の都合にかかわらず、いつも同じものさしをもって、いけないことはその場で叱ることが大切です。

子どもは親をよく見ています。「人といるときはママはあまり怒らない」とすぐに見抜かれてしまいます。**どんな状況でも、いつもと同じように叱る、叱ったあとはその行為と子どもの人格をわけてフォローする。**とても大切なことだと思います。これは、上司と部下の関係においても言えることではないでしょうか。

叱りすぎないようにするためのルール

子育ては子どもに教えることばかりなので、未熟な子どもたちに向かって、どうしても繰り返し、叱ることが多くなります。これは、私が尊敬する恩師に教えていただいた方法ですが、家庭の中でこれをしたらお母さんはあなたを叱るよ、というルールをつくると、叱ることが少なくなります。

たとえば、「わがまま」「うそ」「はんこう」「いじわる」と決めれば、それをしたときは厳しく叱ります。それ以外のことはある程度大目に見て、親は鷹揚《おうよう》に構えていればいいのです。

叱るときは、厳しく叱ります。「○○ちゃん、それはしてはいけません」とやさしく教えるのは、はじめだけ。やさしく注意しつづけても、子どもはそれがいけないことだとわかっていても親に構ってもらえるのがうれしくて、同じ行為を繰り返す可能性すらあります。

子どもを叱るときには、まだ言葉がわからない子どもにも「いけないことをしたんだ」とわかるくらいに、心に届くように、その剣幕《けんまく》に押されて泣いてしまうくらいに、思い切り叱る必要があります。そうすると何度も叱ることはなくなります。

本来、子育てはとても楽しいものです。叱ってばかりいては、お母さん自身が疲れてしまいます。このルールを決めるというのは、お母さんのためでもあると思っています。

子どものネガティブな点を、本人の前で絶対に言わない

私の教室の個人面談は親のみで、どんなに小さくてもお子さんは外であずかります。なぜなら面談の内容はすべてお子さんのことで、悩みだったり、心配だったり、

子どもにとってネガティブな相談が多いからです。

たとえば、親は子どもがいるところで、「うちの子は落ち着きがありません」と言ってはいけません。仮に少し離れたところに子どもがいたとしても、子どもの耳に入ってしまう距離で、そういうことを言ってはいけません。

お母さん方はそれを聞いて子どもが理解できないと思うのか、反省すると思うのかわかりませんが、子どもの前でも平気で口にします。

しかし、これは、百害あって一利なしです。夫がよその人にあなたの目の前で「うちの妻は料理が下手くそです」と言ったりしたら、腹が立って、もう二度とご飯なんかつくらない、と思いませんか。

しかも、子どもは純粋です。母親に自分は落ち着きがないと言われれば、「そうか、ぼくは落ち着かない子なんだ」と暗示にかかり、心の中に定着してしまいます。

「うちの妻は料理上手でおいしいものばかりです」と人に言っているのを聞けば、うれしくて毎日おいしいものをつくってあげたくなりますよね。子どもも同じです。

子どもに聞かせるならポジティブなこと、「やさしい」「お手伝いをしてくれる」

などほめることに限り、ネガティブなことは本人に聞こえるところで人に言わないようにしましょう。これはぜひ守ってほしい子育てのルールです。

積極的に失敗や苦労を経験させる

日々の生活のなかで、子どもが失敗や苦労をしないように気にかけ、先回りしていませんか。そうだとしたら、きっと失敗や苦労は子どもの心をねじ曲げたり、やる気をくじいたりしてしまうのではないかと心配されているのでしょう。

でも大丈夫。それは杞憂《きゆう》です。苦労や失敗の経験が、子どもを成長させるのです。将来への生きる糧《かて》になることだってあります。ですから、私の子育てでは、わざわざ失敗や苦労をさせていました。

璃花子は、3歳から水泳を始めて5歳になるころには、大会にも出るようになりました。「まだ、小さいから」とか「不安で泣いてしまうのではないか」という心配よりも、多くの経験ができると、どんどん出場させていました。

その際の声がけは「出る？」という疑問形ではなく、「出るよ」という断定形です。子どもは尋ねられると迷うものです。肯定語で言われれば、「ああ、そうなんですね」と素直に受け止め、ちゃんとできます。誰も知り合いがいなくても、どんなに待たされても、適応してその場に順応していくのです。

そして、それを乗り越えたときは、心からほめてあげましょう。仮に失敗したとしても、その挑戦やがんばりをほめてあげましょう。そして、次はもっとできるようになるよ、と声をかけましょう。

子どもは自信をもち、子どもながらに自分を誇らしく思い、一回りも二回りもたくましく成長してくれます。

つまずいても乗り越えられる、という自信をつける

残念ながら、親は子どもの生涯が閉じる日までそばにいて、手取り足取り、生き方を教えることはできません。誰にでも寿命が訪れます。

だからこそ、「自分を信じる力」「人間力」「本番力」を身につけることが大切になります。いつまでも親がそばについていなくてもいいように、自分で状況を打破できる大人に育つように、子どものうちにその方法を体得できるように、多くの経験を積むことが必要です。経験を通じて得た自信、そして、つまずいても乗り越えられるという自信は、何ものにも代えがたいものです。

どんな子でも、勉強やスポーツ、あるいは人間関係などで、必ず挫折を味わいます。こうしたときに、自分ならそれを乗り越えていけると信じられる子は、そこで努力をやめません。

勉強でもスポーツでも、親が「やりなさい」と命じなくても、見張っていなくても、自分からやれる子とそうでない子の違いは、ここにあるのです。

こうして、体験させて自信を身につけさせて、そして自分から取り組める子に育てることに比べると、「自分のことは自分でやりなさい」などと、言葉だけで言うのは簡単です。その分、子どもに刺さりません。

やらないとどうなるか、やってから困難があったときどうするか、それを身をもって理解する子に育てるには、それなりに手間も時間もかかるのです。しかし、それは決して無駄な手間でも時間でもありません。子どもがある程度大きくなると、そこで手間と時間をかけた意味が、はっきりとわかるはずです。

始めるのに早すぎることはない

子どもの挑戦は応援してください。そして、始めるのに早すぎるということはありません。その子の成長を見ながら、いろいろなことにどんどん挑戦させてほしいと思っています。

璃花子は、人一倍、いろんなことに興味をもつ子でした。姉や兄の様子をよく見ていましたので、自分の頭の中でイメージができていたのだと思います。1歳半には逆上がりをしていましたし、2歳には補助輪なしで自転車に乗っていました。

上の子2人に、縄跳びで技や回数を競わせていたときのことです。すると3歳の璃花子は、「私もやる！」と言って、縄跳びを手にしました。縄跳びを両手にもって、バタバタと動き回るだけでしたが、私がほめると、喜んでいつまでもしていました。

水泳では、こんなこともありました。まだ習いたてのころ、クロールの進級テストがありました。

璃花子は飛び込むと、クロールではなく、なんと、平泳ぎのような泳ぎを始めたのです。まだ平泳ぎは教わっていないので、周りからは溺れているように見えたのでしょう。コーチが驚いて、急いで璃花子のそばに飛び込みました。

保育園の卒園式。璃花子は０～12歳まで私の幼児教室に通っていました。教室の生徒さんと一緒に遊んだり、競争をしたり、お勉強をしたり……。切磋琢磨しながら、楽しみながら、成長していきました。

璃花子がなぜ平泳ぎを泳ごうとしたのか、私にはわかりました。クロールのテストの前に平泳ぎのテストがあり、璃花子は、前に泳いだ子どもの平泳ぎの姿をものすごく真剣に、熱心に見ていたからです。きっとクロールのテストということはすっかり忘れて、いつもの練習のように前に泳いだ子どもを真似たのです。

ぼんやり順番を待つだけでなく、周りが何をしているのかすごい集中力をもって見ていた結果だと思いました。

コーチにはびっくりさせてしまいましたが、上で見ていた私は、璃花子らしいなぁ、と笑いました。

困難を乗り越えられる人に育てる言葉「あなたには、まだまだできる力がいっぱいあるよ」

困難を乗り越えられる子、自分でできる子になるには、親の力が必要です。乗り越えようとしているその瞬間には、最大の味方である親のひと言が、大きな支えになります。

そうしたときにかけてあげる言葉は、「あなたには、まだまだできる力がいっぱいあるよ」です。

乗り越えられる子、自分でできる子にはもう、「あれをやりなさい」「こうやりなさい」などと命令する必要はありません。そうした子どもは、すでにやるべきこと、何をどうしたらいいかは、すべてわかっているからです。ただ、一歩を踏み出すのをためらっているだけです。

だから、「あなたには、まだまだできる力がいっぱいあるよ」なのです。

これを聞いた子どもは、「そうか、私にはまだ力があるんだ」と気づき、その言葉と自分を信じて、行動に移します。

乗り越えられる子、自分でできる子には、そのひと言で十分なのです。

また、この言葉は、素晴らしい成果を上げたときにも使えます。たとえば、志望校に合格した、目標としていた大会への出場を決めたときなどです。

こうしたとき、周囲はとてもほめてくれます。それを子どもは「ここがゴールだ」

と勘違いして受け止めてしまうこともあります。

しかし、志望校合格も大会出場も、新たなスタートに過ぎません。だからこそ、子どもが達成感を感じていそうなときには、その達成感をわかち合い、共に喜びながらも「あなたには、まだまだできる力がいっぱいあるよ」と、今いる地点から将来へと視線を変えさせてあげる必要があります。

そのひと言が、1つの目標を達成したからと燃え尽きてしまわない、天狗にもならない、絶え間ない成長を自ら求める精神をつくります。

ここまでくれば、その子の中にはもう「折れない心」が宿っています。

私は、性分とはある程度、生まれつきのものだと思っています。私の3人の子も、同じ親から生まれたのに、だいぶ性格が異なります。

生まれながらに積極的で好奇心の強い子もいるでしょう。消極的で気弱な子もいるでしょう。しかし、環境次第でその性格は、変えられると思っています。

気弱な子が気弱な子のまま育つのは、環境がそれをよしとして、変えようとしなかったからではないでしょうか。

では、何が子どもを変えるのか。それはもちろん、親です。

人と比べるのはデメリットしかない、と心得よう

子どもは一人ひとり、性格が違います。好きなもの、得意なものも違います。それぞれ違うのですから、比べても意味がありません。むしろ、比べることによる害悪のほうが大きいと思っています。

もちろん、競争は必要です。明確な基準があり、その基準での優劣を競うことは、子どもにとって刺激にも発奮材料にもなります。負けたら負けたで、どうしたら勝てるようになるか、真剣に考えるようにもなるでしょう。

しかし、そうした競争の場ではないところでまで、子どもを比べる必要はまったくありません。

教室でも、比較をしないということを大事にしています。「誰ちゃんがいちばんで

きるね」「誰ちゃんより誰ちゃんのほうが上手だね」などといったことは、決して言いません。

比べていいことなど、1つもないからです。

反対にこんな言い方をします。**誰かがよくない行いをしたときに、ほかの子どものよい行いをとびきりほめる**のです。そうすると、どの子も自分もほめてもらおうと、その行いを子どもが真似し伝播《でんぱ》していきます。こちらも叱るような言葉を発せずに、その場が改善しますし、子どもも自ら気づき、行いを改善します。

このようなポジティブな競争でしたら、とてもよいと思いますので、職場やご家庭でも取り入れるとよいでしょう。

嘘でも100回言えば、本当になる

たとえ「100%はできない」と思ったとしても「1%ならできる」と思うなら

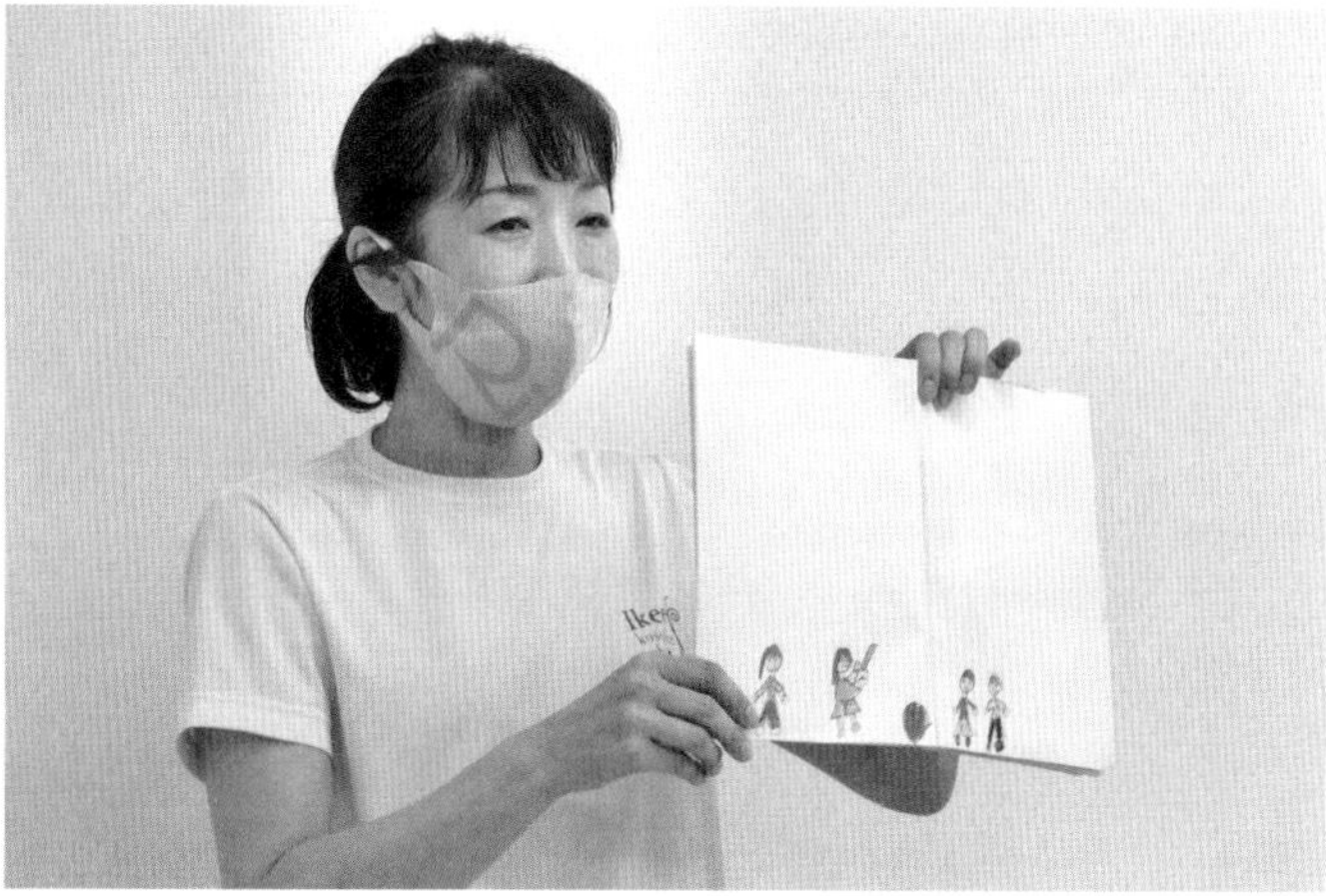

レッスン中に子どもたちが描いた絵を発表しました。絵のよい点をほかの生徒さんに見つけてもらうことは、ほめられた子の自信につながります。

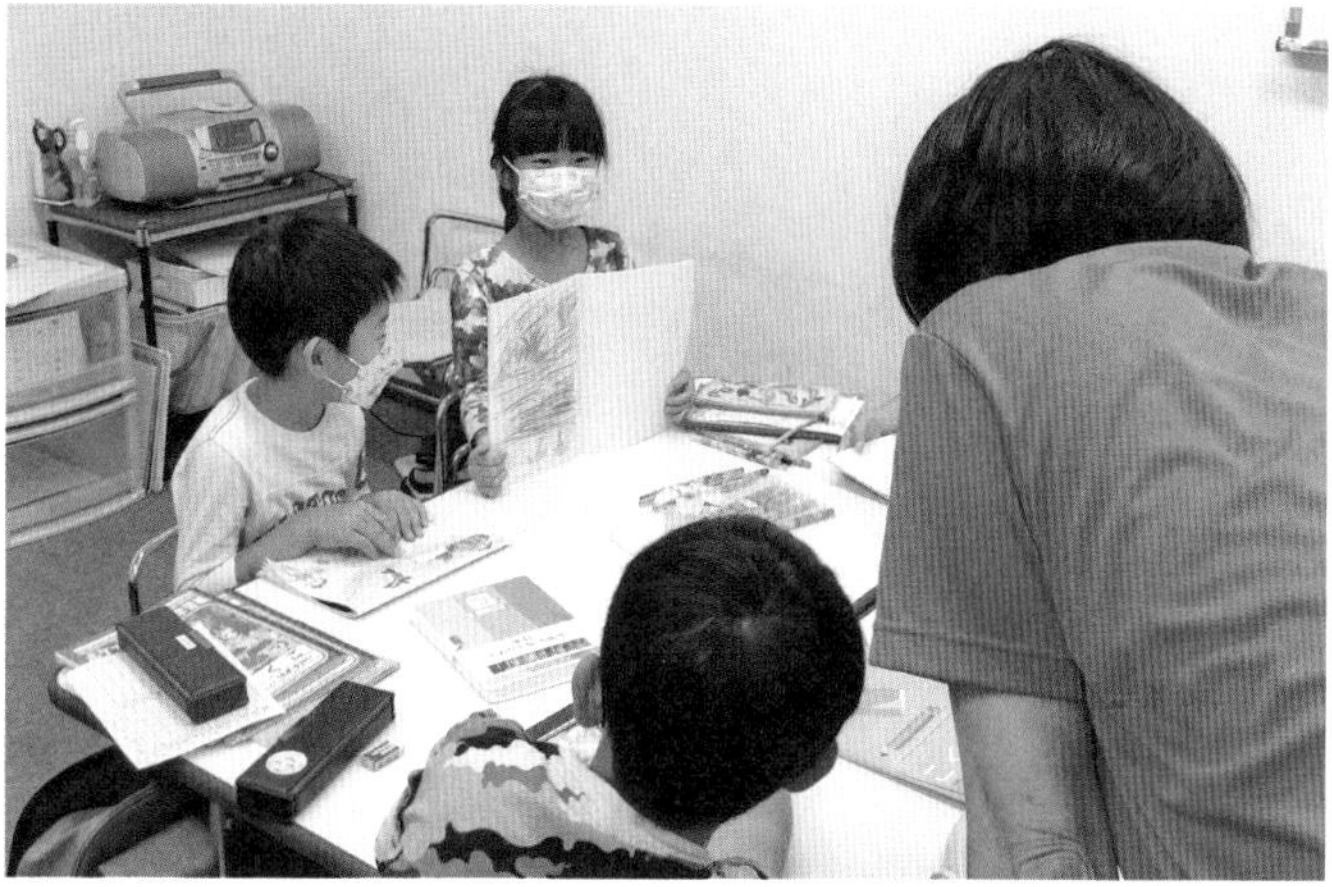

絵を見せることで恥ずかしがる子は誰もいません。レッスン最後の発表でも、子どもたちは緊張することなく、堂々と発表をしています。

う「完璧には無理」と思ったとしても「ある程度はできる」と思うなら「できるよ」と言いましょう。それを聞く子どもは「自分はできるんだ」と自信をもちます。

「1％ならできる」ことを「できる」と言うのは、誇張表現に聞こえるかもしれません。でも、私は決して誇張ではないと思っています。

もしも、そのときにできることが1％だとしても、それを100回積み重ねれば、「100％できる」になるからです。

それだけではありません。「できる」「できる」と繰り返せば、それが暗示となって、本当にできるようになることが多いのです。

第3章でもお伝えしましたが、教室のレッスンを始めるときに、子どもたちに次のような暗示の言葉を言います。「お父さんもお母さんも、あなたのことが大好き。いつも一緒にいてくれます。あなたがこれから学ぶことは、あなたにスイスイと吸収されます。自分の夢を叶えるために、たくさん勉強して、みんなの役に立つ人になろう」と言うのです。

週に1度でも、それを12歳まで毎週つづけたら、６００回は耳にすることになります。こうして自分の中に積み重なる言葉は、さまざまな体験とあいまって、揺るぎない強い心が子どもの中に植えつけられます。

大人である私たちにも同じことが言えるかもしれません。「1％ならできる」という前向きな気持ち、「1％でもやった」という自信は、人生を肯定してくれるものだと思います。「ゼロ」と「1％」の差は大きいのです。

謙遜のつもりが、ネガティブな言葉に聞こえることがある

教室でもそうしていますが、わが子にも私は徹底して、ネガティブな言葉をかけないようにしてきました。前のページでお話ししたとおり、とにかくポジティブに、そして、可能性が1％しかなくても、「1％もある」と解釈し、そう言葉にしてきたのです。

お子さんだけがいるところでは、演じるべき母親を演じきっているお母さんでも、そこに他人がいると、つい、「うちの子は本当にダメで」とか「何度も言っているのにできなくて」などと言ってしまうことがあると思います。

すると、子どもは、親が自分と2人きりのときは言わないことを他人の前では言うんだ、と驚いてしまいます。そして、他人の前で言っているほうを「きっと、こっちが本音なんだろう」と思ってしまうのです。

わが子たちは、私が謙遜《けんそん》をしていても、それがネガティブな言葉に聞こえることがあるようです。

璃花子のタイムがよくなってきたころ、周りの親御さんから「すごいですね」などと言われることが増えました。そうしたとき、当時の私はどう答えたらいいかがわからなくて、「そんなことないです」などと答えてしまっていました。

今なら、親同士の会話は子どもがいないところでするようにして、ほめられたら「ありがとうございます」とだけ返事をするなどの方法が思いつきますが、当時はそれがなかなかできなかったのです。

すると、それを聞いていた璃花子が、あとになって憤慨《ふんがい》するのです。

「がんばっているのに、すごくないとはどういうことだ！」

と。それは謙遜でしょう、とこちらとしては言いたいのですが、ネガティブな言葉に慣れていないと、ここまで拒絶反応を示すのかと驚いた記憶があります。

同時に思ったのは、璃花子のその反応は、璃花子が私の望んだように育ってくれた証しでもあります。

やはり子どもにはポジティブな言葉をかけて、可能性を信じてほしいと思います。それが、子ども自身が「自分を信じる力」につながっていきます。

「ネガティブな言葉」を「ポジティブな言葉」に変える

子どものやる気を引き出そうと思って、「どうせできないんでしょ」「無理でしょ」などとネガティブな言葉を使うのは、逆効果です。こういった言葉を子どもにかけている親を見るたびに、私はどうして「あなたはきっとできる」「可能性がある」と言ってあげないのだろうと思ってしまいます。ネガティブな言葉は、それだけで、子どもの可能性もやる気も奪ってしまいます。子どもの足を引っ張ってしまっているのです。

もしも「私はついネガティブな言葉を使ってしまう」という方がいるなら、ポジティブな言葉探しから試してみませんか。

教室でも「プラスの言葉」を探して書いてくるという課題を出すことがあります。このとき、たいていのお子さんは10から20個の言葉を書いてきますが、ある女の子は、なんと80以上もの言葉を書いてきました。私たちが想像するより、ポジティブな言葉はたくさんあるのです。まずは「無理」「ダメ」「わからない」を「がんばろう」「できる」「おもしろい」に置き換えるところから始めてみましょう。

心の底からほめる。お友だちのことも一緒にほめる。子どもの心は純粋なので、ネガティブな言葉も、ポジティブな言葉も、そのまま受け止めます。ですから、ポジティブな言葉を使う習慣をつけます。

ひとりっ子の親は、きょうだいの役目もしないといけない

教室に通うお子さんに、最近はひとりっ子が増えています。親御さんはそのたった1人のわが子を一生懸命、育てています。でも、ひとりっ子の教育はむずかしさを伴います。事情が許すなら、きょうだいをもってほしいなと思います。

なぜなら、きょうだいがいれば、家庭という社会のなかで、親とは別にきょうだいという存在との関係を学べるからです。

もともと、人間は群れで育つ生き物といわれます。親と子だけでは学べないものが、集団からは学べます。ですから、きょうだいがいるということは、じつは親の負担を軽減することにもなるのです。

また、親御さんの期待を散らすという意味合いもあります。

子どもが1人だと、その子1人に何もかもを背負わせてしまいがちですし、一方

で、わが子を王様・女王様のように扱って、わがままは何でも聞く、お手伝いなんてさせない、失敗しないように挑戦させない、といった育て方をしてしまう方もおられます。

それから、お母さんが子どもに依存してしまうケースもみられます。わが子を別の人格とみなすことができず、まるで自分の一部のように扱ってしまうのです。これは、お子さんのためにもお母さんのためにもなりません。

もう1つ、付け加えると、ひとりっ子のお母さんは、わが子1人しか子どもを見ていないので、ほかの子ができるのに、わが子ができないことに敏感です。別の言葉で言えば、平均から劣ることを極端に恐れる傾向があるようです。

ひとりっ子の親の陥りやすい面ばかりを書いてしまいましたが、そうならないために、**親は自らきょうだいの役目をしないといけません**。家の中でも競争や譲り合いや助け合いをさせる、お手伝いをたくさんさせる、我慢をさせる。いろいろな挑戦をさせて、失敗を味わわせる。

言葉をかけすぎないで、子ども自身によく考えさせることです。きょうだいがいれば、自然と日常に起こるであろうことをたくさん演出することです。「ひとりっ子は楽」なんて大間違い。世間の荒波に揉まれても耐えられる人格をつくる責任は大きいと思います。

お父さんお母さんの役割は、お母さんを大事にすること

私はひとり親として3人の子どもを育てました。大変だったこともありますが、1人でよかったと思うこともあります。それは、親としてのスタンスがぶれなかったことです。

親としてのスタンスとは、たとえば家の中に確固たる序列を築くとか、親は子どもにとっていちばんやさしくて厳しい人であるとか、いったことです。

もしもこうした家庭、そして子育ての基本方針が父親と母親の間でぶれてしまうと、子どもは戸惑ってしまいます。親と教室の講師との方針の違い以上に、子どもを

迷わせてしまうのです。

両親は、教育方針に関しては、いつも同じ考えをもっていなくてはなりません。なぜなら、子どもに対して、お父さんの言っていることとお母さんの言っていることが違っていたら、子どもは混乱してしまいます。

とくにどちらかの親が子どもを叱っているときに、片方の親が子どもに味方するのは厳禁です。一方の親が叱っているというのは、そこに至るまでの間に積み重なった原因があるかもしれません。それを知らずに子どもを叱っているほうの親を非難すると、怒りの矛先は非難した親に向かいますし、何より子どもが「ぼくは悪くないんだ」と勘違いしてしまいます。

そのような場面に遭遇《そうぐう》したときは、ちょっと叱りすぎではないかとか、言い方を変えたほうがいいとか、思うところがあっても、その場はやり過ごし、落ち着いてから、あとで子どものいないところで夫婦で話し合いましょう。

そのあとで、子どもに適切にフォローすればよいのです。とくに、主に子育てをする母親は、一日中子どもの世話に追われています。**父親は、母親の気持ちに寄り添っ**

てあげることが、よりよい子育てにつながります。これが、子をもってからの夫婦円満の秘訣です。

「反面教師」から学べることもある

子どもの教育に関わる大人は、親だけではありません。

祖父母が同居している家もあるでしょうし、学校の先生、習いごとの先生も、子どもの成長に大きく関わります。

祖父母はどうしても孫に甘くなるので、親が考えをもって厳しく接していても、そこからの逃げ道のようになってしまうことが多いです。ですから私としては、祖父母には、親御さんのサポートに徹してほしいと思っています。

ただ、やはり、おじいちゃんおばあちゃんなりの役目もあると思います。親の方針を伝えて、あとは多少甘くても、お母さんがぶれないでしっかり子どもに関わっていれば、それほどカリカリしなくても子どもはちゃんと育ちますので、安心して大丈夫です。

また、学校の先生の方針も、子どもに大きく影響します。ただ、親は学校の先生を替えることはできません。学校にわが家の教育方針に合わないからほかの先生にしてくださいと言っても、それを受け入れてはもらえないでしょう。

ですから、これについては、時間が経って進級などでその先生が離れるのを待つしかありません。その間、お子さんがその先生への違和感を訴えたら、親はしっかりお子さんの味方になってあげてください。そして、反面教師でしかないなと感じたら、言ってはいけないこと、やってはいけないことを教えてくれる反面教師として有効活用しましょう。

ただ、これが習いごとの先生の場合は話が違います。

習いごとの先生が、人間力の形成よりも成績にこだわる指導をしたり、子どもの人格を傷つけるような指導や叱り方をしたりするタイプだったなら、私はその習いごとをやめさせます。

指導者の方針や考え方は千差万別、自分の考えに合った人を選べばよいのです。相手のやり方にクレームをつけても、これでは、子どものためになりません。習いごとをさせる理由の大きな目的は、人格形成のためだからです。

私の教室もそうです。教室の方針と合わないという親御さんには、無理に通っていただかないほうがよいと思っています。大切なお子さんの将来のための教育です。しっかり納得し、信頼し、安心して通うことがなによりです。

ですので、通ってくださるお子さんの親御さんには、愛情深く、しかし厳しく、お子さんの将来に大切なことを、しっかり伝えさせていただいています。

親も失敗したら、謝ればいい

人間はみな完璧ではありません。

ここまで書いてきたようなことができなくても、失敗しても、大丈夫です。そんなに落ち込む必要はありません。

たとえば、子どものいる前で子どものことをネガティブに言ってしまったり、うっかり人格を傷つけてしまったりすることもあるでしょう。

こうしたときは、**子どもに正直に謝りましょう**。子どもを叱ったあとのフォローのように、愛情があることを子どもにしっかりと伝え、今回は自分が悪かったと素直に認め、謝るのです。

そうすることは、どんな人でも間違うことはある、と子どもに教えることにもなります。ここで変なプライドをもちだして、謝らずにごまかそうとしても、子どもはお見とおしです。ごまかしてやりすごすことを、決して教えないでください。

また、子どもに向き合うときに、絶対に曲げてはならないこともありますが、その一方で、そんなに神経質にならなくてもいいこともたくさんあります。

毎日のようにお母さんたちを見ていて思うのは、「そんなにお子さんにべったりじゃなくても大丈夫だよ」ということ。お子さんのことを考えるのはもちろん親の役目でもあり楽しみでもありますが、そこばかりにとらわれていると、お互いに依存するようになってしまいます。

そうならないように、肝心なところをしっかりと押さえて、あとは肩に力を入れすぎず、育児を楽しみましょう。

第5章

人は何歳からでも学べる
変わることができる

どこへ進めばいいのか、何をしたいのか、まったくわからなかった

私は、体を動かすのが好きな子どもで、体を思いどおりにコントロールすることができました。小学校の卒業文集には「何でもいいからオリンピックに出たい」と書いた記憶があります。

小学2年生からは近所のスイミングクラブに通いはじめました。長女、長男、そして璃花子も通っていたスイミングクラブです。長女が入るときは、私を教えてくれたコーチがまだいました。子どものころの私は、あっという間に上達し、選手にも選ばれて、いつの間にか大会にも出るようになりました。

しかし、つらく厳しい練習をするうちに、楽しみを見いだせなくなっていました。もしも親が寄り添い、「できるよ」「あなたは素晴らしい能力があるんだよ」と声をかけてくれていたなら、結果は違っていたのかもしれませんが、結局のところ、私は

水泳を5年生でやめました。

高校では陸上競技部に入り、400m走を専門に打ち込んでいましたが、小さなころ、水泳から逃げたということがずいぶんなトラウマになっていたので、二度と繰り返さないと真面目に取り組み、無理な練習を重ねてしまいました。結果、致命的なケガをして選手を断念することになりました。

陸上競技は自分で選んだスポーツで自分なりに懸命に取り組んでいたので、努力すれば必ず成果は得られると知った私にとって、つらい経験でした。

その後の私は、将来に漠然とした不安を抱いていました。

子どものころの私は、夢をもつことも、夢のために努力することも、夢を叶えるために大きな志をもつことが大切だということも、何ひとつ、知りませんでした。

ですから、気がついたときには、自分の中に実ったものが見つからず、何がしたいのか何ができるのかもわからず、多くのものを手にしている人たちとの間についた歴然とした差に、打ちひしがれてもいました。とくに就きたい職業があるわけでなく、得意なスポーツでの実績もなく、どうやって生きていけばいいのかわからなかったのです。

しっかりと打ち込んだものもない私は、就職活動はしたものの、希望していた企業からはすべて断わられ、やっとの思いで公務員になりました。

働いても、私にはもっとほかの形で社会と関わる方法があったのではないか、私にはもっと未知な能力があるのではないか、と頭の片隅で思い悩みながら、なんとなく出勤し、過ごしていました。

公務員を辞めたのは、結婚をするときでした。結婚を機に私は専業主婦になることにしたのです。

ただ、退職のときに、親しい同期に言われたことが今も忘れられません。

「どうして、いつもつらいほうの道ばかり選ぶの？」

昔も今も、公務員になれば安泰《あんたい》であるというのに、簡単に辞めてしまう私は人からはそのように見えるのだなと思いました。

私は自分が本当に何がしたいのか、何ができるのかもわからず、漫然と生きているほうがよほどつらかったのです。

人はいつからでも学べる

私が自ら学び、自ら選び、自分を知り始めたのは、妊娠がきっかけでした。私は、わが子が自分のように何も選べず、夢ももてない無能な人間にならないようにしよう、と決めていました。

私は自分の体のことも、出産とはどんなことなのかも、まったくわかっていませんでしたので、出産に関する本や、子育ての本をたくさん読むうちに、目からウロコがたくさん落ちました。

そこでわかったのは、当時の病院での出産は「産む」のではなく「産まされる」ということでした。ほとんどの病院が産ませやすいように管理され、その分、体勢ひとつとっても、産む側に負担がかかってしまっている。産む側の都合がまったく考えられていない。私はそう感じました。

どうしたら、私自身も、そしてなにより、産まれてくる子どもが楽なお産ができるのだろうか。管理されず、自然に、痛くもなく子どもにも負担にならないお産はないのだろうか。

そう考えて、たどり着いたのが水中出産でした。

しかも、私が出会えたのは、どうしても水の中で産まなくてはならないというものではなく、産みたいところで、産みたい体勢で産ませてくれる産院だったのです。

その産院は、神奈川県海老名市にありました。当時住んでいた、千葉県船橋市の自宅から遠い道のりを通い、自分の力だけで産むという大切なことはすべて教えてもらいました。

なぜ自然に産むべきかということ、食のこと、母乳で育てることなど、たくさんのことを教えていただいたのです。長女につづいて4年後も、長男をその産院で出産しました。

璃花子のときもやはり水中出産でしたが、場所は自宅のお風呂でした。2人を産んだ経験はとても自信になっていましたので、都内の助産師さんに来ていただき、自宅

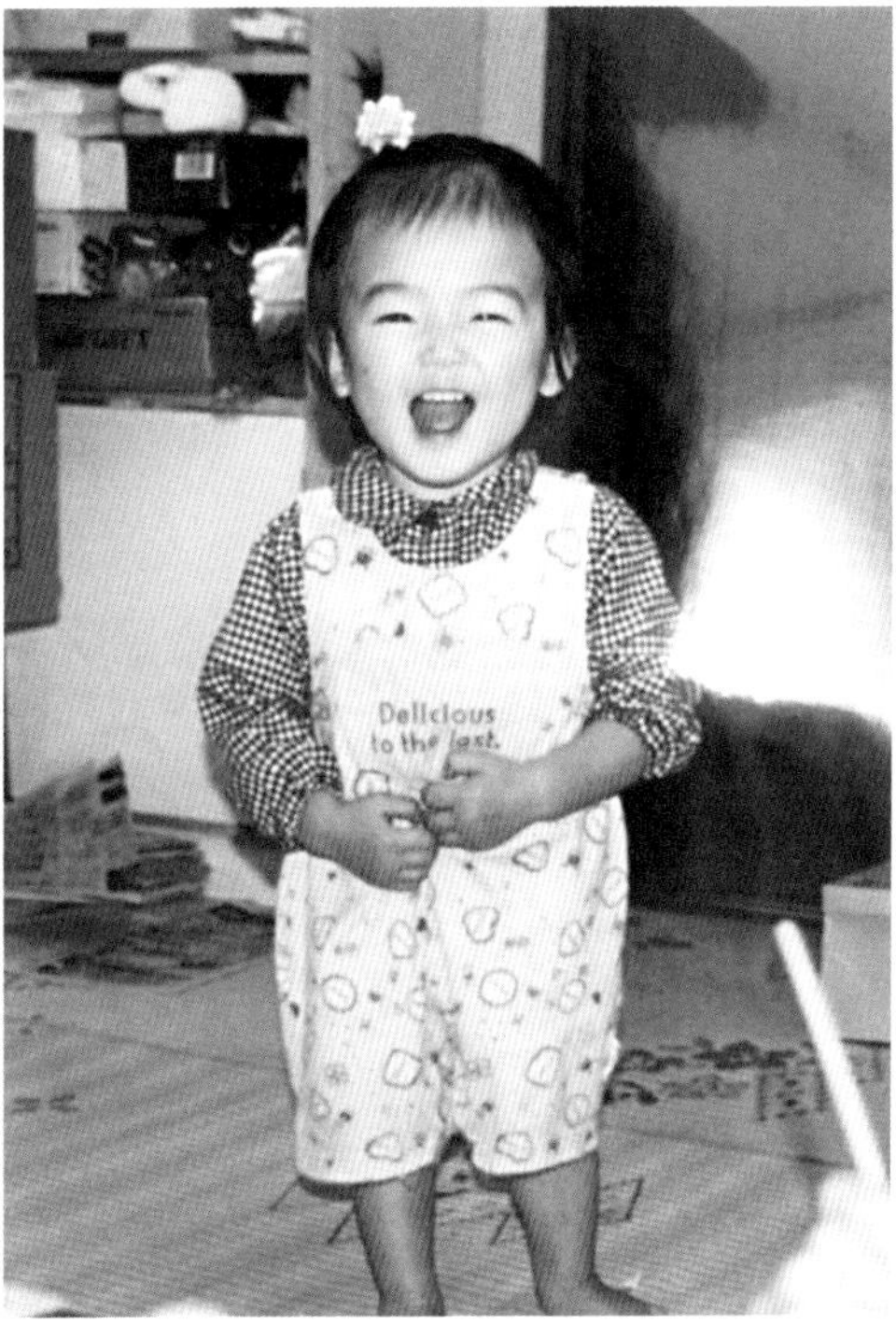

１歳のころの璃花子。わが子から「人はいつからでも学べる」「人はいつからでも変わることができる」ことを教えてもらいました。わが子３人は、とても素直で、やさしい、夢を叶えるためにあきらめずに努力する子たちに育ってくれました。

出産しました。

長女と長男にその様子を見せることができて、家族の素晴らしい思い出になったと思っています。

私はお腹の中にいる子どもに、「パパとママがお休みのとき、３０００ｇくらいでスルッポンと生まれてきてね」といつもお腹に語りかけていたので、３人ともそのとおりに生まれてきました。私の体にもほとんどダメージはありませんでしたし、３人とも1歳半まで完全母乳で育てることができました。

「人はいつからでも学べる」。何も知らないからこそ何でも吸収できた経験は、私にそのことを教えてくれました。子どもをもつという経験が、私の人生を大きく変えてくれたのです。

実践するうちに確立された池江式

私の思いは出産だけでなく、その後の子育てにも向けられました。たくさんの幼児教育の本から、親の優秀な遺伝子よりも、よい環境やすぐれた刺激が子どもの脳を育てると知ったからです。それは、どの本にも共通して書かれていたことでした。

どんなに優秀な遺伝子を受け継いだ子がいたとしても、親がそれを上手に引き出し育ててあげなければ、子どもは優秀にはならないし、また優秀な遺伝子を受け渡せなかった親であっても、子どものために懸命に豊かな環境を整え、よい刺激を与えてあげれば、優秀な子に育つと学び、私は勇気づけられました。わが子は、私のような子ども時代を送らなくてすむとわかったからです。

わが子のもっている才能を引き出し、開花させ、たくさんの選択肢をもたせてやりたい、と思いました。さらに幼児教育を勉強し、さまざまな講演会にも出かけていきました。

そこで学んだことは、たくさんの愛を子どもに伝えること、赤ちゃんには無限の能力があること、そしてポジティブな言葉をかけつづけること……。子育ての右も左もわからない私にとって勉強になることばかりでした。

わが子のしつけは、生まれたときからするべきだと学んだので、わが子に来る日も来る日も、人として大切な物事の道理を話しかけました。そのおかげか、無駄に泣かない、聞き分けのよい赤ちゃんに育ち、「子育てとは、こんなに楽なのか」と思っていました。

こうして子育てをするうち、学ぶことがますます楽しくなり、学んだことを生かしたいという気持ちがわいてきたのです。そして、自分でも教室を開こうと思うようになりました。子どものための能力開発の教室を開校したのは１９９５年、長女がまだ１歳のころです。

子育ては楽しい、と知ってほしい

講師として、母として３人の子どもたちを育てながらだんだんと経験を積んでいくうちに、私なりの子育て、私なりの実践方法が見つかってきました。この本に書いてきたことの大半は、この池江式です。

まだ璃花子が小学校に上がる前にひとり親になり、仕事をしながら、３人の子どもを育ててきました。とにかく無我夢中で、当時のことはあまり覚えてないのですが、大変な時期もあったはずです。でも、何があっても子どもを立派な人に育てるということはぶれないようにしてきました。

何より子育ては、私にとってとても楽しいものでした。

私のような何の取りえもない人間でも、子どもの才能を引き出して伸ばし、人間力を高めることができる。お金がなくても、ひとり親でも、子どもを夢を叶えられる人間に育てることができる。

そのことを育児がむずかしいと悩むお母さんに、そして、子育ては楽しくないというお母さんにお伝えし、１人でも多くの方に楽しい子育てを知っていただきたい、という思いがこの本を書いたきっかけです。

わが子よりも教室の子どもを優先させた

私が経営する教室で目指していることは、お子さんのもっている力を引き出し、あきらめず夢を叶えられる人になってもらうこと、強くたくましく生きていける人になってもらうこと、人間力を高め、自分を信じる力、本番力を身につけてもらうことです。

それは、人によってはいい学校へ行って、いい会社に入ることかもしれませんし、周囲をあっと驚かすような発明や発見をすることかもしれませんし、オリンピックでメダルを取ることかもしれません。

その姿形は異なりますが、その人の夢を叶えるために努力しているということは同じ。それぞれ、自分で道を切り開いていきます。

私の子育て中は、多くの生徒さんを育てるための仕事と自分の育児と、公私混同はしてこなかったつもりです。このことは強く意識してきました。

幼児教育は私にとって、母としての責務でもあり、講師としての責務でもありました。自宅で教室を開いていた時期はとくに、いつでも教室に3人の子どもがいるような状態でした。

そうしたときに意識していたのは、わが子を二の次にすることでした。もちろん親ですから、わが子のことは気になります。でも、わが子を特別扱いはしませんでした。仕事中は生徒さん優先。わが子たちはそれを理解していました。教室では、自分の子どものことよりも、通ってくる子どもを優先させる講師のほうを親御さんは信頼しますし、私なら、そんな講師にわが子を預けたいと考えます。

今振り返ると、このことはわが子の教育上もよかったと思っています。

お母さんには仕事がある。懸命に仕事に向かっている。

そうした姿勢を、言葉にするまでもなく、子どもたちが学んでくれたと思っています。子どもたちの社会性の形成には、この経験が少なくない影響を与えていると考えています。

「子どもの教室」は、「親の教室」でもある

私が経営している教室は、お子さんたちの人格形成、能力開発の教室です。でも、私はここを、お母さんのための教室、お母さんのための学校でもあってほしいと思っています。

お母さんは、ときに孤独です。この子育て方法でいいのか、調べれば調べるほど、どうすればいいかがわからなくなってしまうこともあるでしょうし、ちょっとしたことでも不安になってしまうこともあるでしょう。

育児は迷路のようです。それも、いつ終わるとも知れない迷路です。

今、子どもにかけている言葉は、接し方は正解なのか、真剣に考えれば考えるほど、迷ってしまいます。親の影響を受けた子どもは、将来、どんな人間になるのか。その結果は、長い時間が経たないとわかりません。子育ての正解を学べる参考書はな

く、もちろん、学校もなく先生もいなくて、親は自力で親になるしかありません。

それは、すべてのお母さんがとおってきた道です。それなのに、そうした経験を、お母さんの先輩が新米のお母さんに伝える場がないことが、お母さんの孤独感を強くしてしまっていると思うのです。

私は、決して恵まれた家庭環境で育ったわけではありません。有名な大学を卒業し、やりがいのある職場で働いていたわけでもありません。それでも、子育てを学び、経験したことで、子どもの教育に関しては、理論も実践も身につけることができました。

私としては、この仕事を通じてお母さん方に楽しい子育て、楽な子育て、夢を叶える子育てを知ってもらうことが、これまで私にさまざまな学びの機会を与えてくれた社会への恩返しであるし、そうすることが私の使命だとも感じています。

母卒業を控えて

母としての私の子育ては、末っ子の璃花子が22歳で3月を迎えるときに、ひと区切りとなります。長女も長男も今は働いています。璃花子にとくに水泳のことについては一切口を出しませんし、闘病も終わっています。それでも、その年になるまでは、親がしっかり守ってあげなくてはならない場面もあると思っています。

ただ、それもあと1年。母卒業の時期が少しずつ近づいてきています。

つい先日、こんなことがありました。

私と璃花子がエレベーターの前で待っていると、そばで待っていた30代くらいの男性のリュックのチャックが半分ほどあいているのに気づきました。

いつもなら「チャックがあいていますよ」と声をかけるのですが、若い男の人ということに躊躇《ちゅうちょ》して、声をかけそびれてしまいました。

心の中にモヤモヤを抱えたまま、エレベーターに乗っていると、娘が「すみません、チャックがあいていますよ」と男性に声をかけたのです。びっくりしました。璃花子は人目があるので、外出先ではなるべく目立たないようにしているのに、人の役に立ちたいという思いが自然に出たのでしょう。進んで話しかけたのです。その方は、大変喜んでいました。

私は声をかけられなかった自分を恥ずかしく思うとともに、どんなときでも軸がぶれていない娘を誇らしく思いました。

それは、いつの間にか私を追い越して、1人の人間として成長しつつある娘を見たような気持ちでした。

母卒業の日を前に、私は自分の暮らしをシンプルに、心地よくなるようにと変化させてきました。

江戸川区の小岩でスタートし、複数運営していた教室を現在は千葉県市川市の本八幡《もとやわた》教室1つに絞りました。子どもたちがほぼ独立したため、以前ほど仕事をしなくてもいいと思えるようになったからです。

思えば、ずっと何かに追い立てられるようにして生きてきたため、私はゆっくりすることが苦手です。楽をしたいと思う気持ちもあるのですが、楽をするために一生懸命、がんばりすぎてしまうのです。

でも、もうがんばりすぎる時期は過ぎたのかなと感じています。これからは今まで以上にシンプルに、本質的に生きていきたいです。

それでも、お子さんに関わることはやめません。私は本当に、子どもが大好きです。ですから、大好きな子どもたちが、そのもてる力を十分に発揮できるように、親御さんが自信をもって子育てができるようにご指導したいのです。私にできるお手伝いをこれからもつづけていきたいと思っています。

おわりに

人は何歳からでも変わることができます。

それは、子どもたちが私に教えてくれたことです。

私は結婚して子どもをもつときに、子どもには幸せな人生を歩んでほしい、そのために私ができることは、全力でやろうと考えていました。

どこかで私のように、自分のやりたいことや夢をもたないまま大人になってほしくない、と思っていました。

幼児教室を開こうと思い至ったのも、子どもにとっていいことを、できるだけ小さいうちに、たくさん与えようと思ったからです。

自分のやりたいことや夢を、自分の力でつかみ取れる人に育ってほしいと、わが子や生徒さんを導いてきました。

でもあるとき、ふと思いました。子育ては、自分育てでもある、と。

長女が生まれ、幼児教室を開き、途中で予定外のひとり親になりましたが、３人の子どもたちと、たくさんの生徒さんに囲まれ、毎日、泣いたり笑ったりしながらのあっという間の約30年。

気がつけば、変わったのは教室に通う子どもたちだけでなく、私もでした。なりたいものや夢がなかった私にとって、子どもを指導したり、子育て中のお母さんをサポートしたりすることが、天職になりました。

また、小さい会社ながらも経営者になることで、勤め人だったころには考えたこともなかったスタッフの募集や養成、そして、チームワークの構築などの労務管理、請求や支払いなどの経理とマネジメントに必要なさまざまなことを身につけました。

そう、人は何歳からでも、変わることができるのです。

そして、もう1つ。

あきらめない「強い心」をもつ。

これも、私が子どもたちに指導してきたことです。しかし、それを実際に証明してくれたのは、私の子どもたちや生徒さんたちでした。

どんなときでも、あきらめない「強い心」をもつ姿を、私に見せてくれました。感動するほどうれしいことでした。

2018年に、私が今までしてきたことを1冊の本にまとめる企画をアスコムさんからいただきました。それ以前から著書の出版のお話はたくさんの出版社からいただきましたが、ほとんどが「娘の話を親が語る」というもので、長年の幼児教育の成果が娘であるという今回のアスコムさんの提案のような本ではありませんでした。

それと同時に、試行錯誤しながら長年にわたってつづけてきた子育てや指導で、わが子の成長や教室の成果に自信をもつことができたから、出版の依頼をお受けすることにしました。

そのなかで執筆を進めていましたが、翌年に璃花子が病気になり、発刊を待っていただきました。私の生活も少し落ち着いてきましたので、この度、ようやく本書を出させていただくことになりました。

何歳からでも人は変われる、を実践中の私も、まだまだ成長中ですが、少しでも読者の皆さまのお役に立てるところがありましたら、こんなにうれしいことはありません。今後は、幼児教室の経営とともに講演活動などをとおして、これまでの経験を広く世の中に伝えていきたいと考えています。

今まで私たち親子を応援してくださった皆さま、私に天職を教えてくれ、教室で貴重な人生の時間をともに過ごしてくれた子どもたちや、お母さん、お父さんたち。そして、今まで出会ったすべての人に感謝します。

すべての子どもたちは、幸せになるために生まれてくるのだと思います。

そして、すべてのお母さんたちも、幸せになるために母になるのだと思います。

そのためのお手伝いを、つづけていこうと考えています。

最後までお読みいただき、ありがとうございました。

EQWELチャイルドアカデミー本八幡教室代表・講師
池江美由紀

あきらめない「強い心」をもつために

発行日　2021年11月18日　第1刷

著者　池江美由紀

本書プロジェクトチーム
編集統括　柿内尚文
編集担当　高橋克佳、斎藤和佳
編集協力　片瀬京子、澤近朋子
デザイン・DTP　菊池崇+櫻井淳志（ドットスタジオ）

営業統括　丸山敏生
営業推進　増尾友裕、綱脇愛、大原桂子、桐山敦子、矢部愛、寺内未来子
販売促進　池田孝一郎、石井耕平、熊切絵理、菊山清佳、吉村寿美子、矢橋寛子、遠藤真知子、森田真紀、高垣知子、氏家和佳子
プロモーション　山田美恵、藤野茉友、林屋成一郎
講演・マネジメント事業　斎藤和佳、志水公美

編集　小林英史、栗田亘、村上芳子、大住兼正、菊地貴広
メディア開発　池田剛、中山景、中村悟志、長野太介
管理部　八木宏之、早坂裕子、生越こずえ、名児耶美咲、金井昭彦
マネジメント　坂下毅
発行人　高橋克佳

発行所　株式会社アスコム

〒105-0003
東京都港区西新橋2-23-1　3東洋海事ビル
第2編集部　TEL：03-5425-8223
営　業　局　TEL：03-5425-6626　FAX：03-5425-6770

印刷・製本　株式会社光邦

Printed in Japan ISBN 978-4-7762-1152-5